我
们
一
起
解
决
问
题

[美] 克里斯·布莱克
(Chris Blake) 著
赵婕 译

# 决策、谋划与环境

## 关键时刻做对选择

The Art of Decisions:
How to manage in
an uncertain world

人民邮电出版社
北　京

图书在版编目（CIP）数据

决策，好与坏：关键时刻，做对选择 ／（美）克里斯·布莱克著 ；赵婕译. -- 北京 ：人民邮电出版社，2022.1
ISBN 978-7-115-56585-3

Ⅰ．①决… Ⅱ．①克… ②赵… Ⅲ．①决策学—研究 Ⅳ．①C934

中国版本图书馆CIP数据核字(2021)第234798号

## 内 容 提 要

为什么大多数人会拒绝10元钱的打赌，却不惜赌上毕生积蓄去创业？为什么结束一个失败的项目是如此困难？在做决策的时候，我们的头脑究竟在想什么？我们的选择是受哪些因素影响的结果？

很多人都相信，只要有足够的知识，我们就可以做出理智客观的决定，即"正确"的决定。然而，正如本书作者克里斯·布莱克所言，如同人生，如同扑克牌游戏，我们做决策时常要面对变化莫测、危机四伏的状况，正确的行动并不总能带来期望中的结果。

本书对我们决策背后的复杂机理进行了细致入微的调查研究，并且运用心理学知识、概率知识、扑克牌游戏技巧，帮助我们了解与学习运气和判断在决策中的作用，我们应当如何在变化中做决策，决策时我们都有哪些偏见和错误，以及我们如何成为更好的决策者。

本书希望拓展每一个决策者的思维，提升其决策认知，真正了解应该何时放弃，又该何时加大筹码。

◆ 著 ［美］克里斯·布莱克（Chris Blake）
　　译 赵 婕
　责任编辑 姜 珊
　责任印制 胡 南

◆人民邮电出版社出版发行　　北京市丰台区成寿寺路 11 号
邮编 100164　　电子邮件 315@ptpress.com.cn
网址 https://www.ptpress.com.cn
涿州市京南印刷厂印刷

◆开本：880×1230　1/32
印张：9.75　　　　　　　　　　2022 年 1 月第 1 版
字数：150 千字　　　　　　　　2022 年 1 月河北第 1 次印刷
著作权合同登记号　　图字：01-2020-2160 号

定　价：59.80 元
读者服务热线：（010）81055656　印装质量热线：（010）81055316
反盗版热线：（010）81055315
广告经营许可证：京东市监广登字 20170147 号

数千年来，我们一直仰仗"神谕"，在祭司和魔法师的帮助下做决定：应该参战吗？最佳狩猎方位在哪里？第二次世界大战时英国的总指挥，经济学和统计学家伊利·德文思（Ely Devons）在其论文中把统计经济学中"对趋势迹象的疯狂搜寻"比拟为"仪式魔法"。他惊异于预测科学的无用，也因为了解到受雇于政府的"法师、巫医"的庞大数量而吃惊不已。他渐渐相信，预测的价值不在于准确与否，而是能否为公众接受。为了给狩猎方位寻得一个合理的理由，猎手们可能已经争论了好些天。法师的介入为这场争论画上句号。他们会团结起来出发，不再争执。德文思认为，经济学家的模型具有相似功能，预测的准确率或许非常低，却实实在在地构建出了能被大众接受的框架。魔法有一种力量，就算预测错误导致猎手无功而返，受到非议的也绝不是魔法本身。错误解读的可能是存在的，但神谕决不会错。经济学家的模型也是一样的道理。科学没有任何问题，只是我们得保证下一回必须使用更好的模型以及更好的数据。

在人类历史的大部分岁月里，每当遇到艰难抉择时，我们总是依靠神灵。一直以来，神灵似乎指引着每件事的发展方向，主宰着每个灵魂的命运。我们也许迷茫于自己的命运，但却相信宇宙正按照它自己的方式发展。然而，在启蒙运动后，我们渐渐认识到自己可以创造未来，掌握自己的命运。届时，倘若我们能够揭示社会和经济的法则，一如牛顿的定律令我们有能力把握自然，那么我们就能够掌握自己的未来。在过去的一百年里，管理科学一直试图揭示机构运作的规律，其目标很简单：若能领会机构管理以及贸易的规则，我们就能设计出更完善、更有效的机构管理做法，不再需要用神农尝百草的方法来找出路。管理科学将带领我们走向光明的高地，它不但能提高机构的效率，还能令个人充实。

理论的发展几乎改善了管理的一切。有的理论致力于分析伟大决策者的成功，从中总结出一般原则（归纳性理论）；有的理论则借鉴自然科学的演绎逻辑，勾勒出提高效能的必然逻辑程序。决策过程的理性模型历经发展，力求为克服情感和主观判断的影响提供针对性的帮助，并提出了这样的处方：对事实进行冷静、客观的评估，确保找到未来的最佳路径。有了这些理论，我们在回顾近期发生之事时，才能为今天的成与败做出解释。管理学的教材和课程穿插着有关决策的正反面事例。每一则事例都经过筛选，用于佐证该理论。并且，同魔法师的仪式魔法一样，出错的绝不会是科学，问题总是在于管理者个人，是他未能遵从规定流程，因而对迹象做出了错误的解读。只要回顾过去，我们就很容易解释为什么会走到今天这一步。就像在迷宫里往回走，每一条路线的选择似乎都是必然的。但现在，我们要在迷宫里向前闯出一条路，面对无数岔路，要想一步不错并不容易。在面向未来的时候，我们发现，那个指引我们倒走迷宫时表现得十分可靠的指南针此时正疯狂旋转，找不到方向。为何选择这条路，而不选另一条？我们靠的是对科学管理理论的严格应用、个人的判断，还是仅凭猜测和主观意愿？如果在最需要这些理论的时候，它们却派不上用场，那么我们就不得不认为其中也有运气在起作用。

在管理学著述中，"运气"这个词很少被用于解释成功与失败，这多少令人意外。但是，我丝毫不怀疑运气对于人们风云变幻的职业生涯所产生的巨大影响。我的职业生涯令我有机会从各个角度审视决策过程。我曾为多家全球出版集团管理其跨国公司；20 世纪 90 年代末，我是一家新兴互联网公司的创始管理人；我还曾作为投资总监，在私人股权行业工作四年；近期则为一些小型初创公司管理投资组合。无论是作为公司等级制度下的一名管理人、创业者，还是为自己和别人管钱的投资人，规划和决策都是我必须面对的挑战。我曾在看似一成不变的图书出版行业工作，也曾在瞬息万变的互联网零售业工作。我为过去十年间发生的某些技术变革所吸引，惊叹于大量传统商业模式的屹立与蓬勃。

1997 年，在创建我自己的网络社区时，我靠的主要是运气。原本有意向投资的风险投资人在一年后拒绝了我，是运气好，才让我遇到愿意投钱的天使投资人。同样因为运气好，在我们获得注资后的第一个月，Freeserve（后来的 Wanadoo）推出了英国首家免拨号上网服务，这推动了英国互联网行业的繁荣发展。我的幸运不止于此，Freeserve 还买下了我们的股份，因为在互联网时代的初期，我们既没有足够的现金，也没有可持续发展的商业模式。而最大的幸运莫过于，Freeserve 在经济危机最艰难的时期维持了这家公司的生存，却在互联网广告和电子零售成为可持续商业模式的 2003 年将资产卖回给我们。在一百万个使用 Excel 电子表格的"鬼才"中能有一个人想到这样的商业计划吗？对此，我很怀疑。

　　为什么人们从不把运气拿到台面上讨论？这是因为管理科学认为我们不需要运气——人就是自身命运的构建者。毕竟，每一本崭新的管理学教材在本质上都在做同样的承诺："做了 X，你就可以拥有 Y。"X 是一种包装精美的管理实践，而 Y 是你想要的一切（扩张、利润、财富等）。这种说法同推销蛇油具有异曲同工之妙，蛇油推销员知道，只要你给的承诺是人们想要的，大家就会买账。这些说法都基于两种错误的设想：其一，管理理论具有等同于科学规律的预测能力；其二，在全球经济的开放系统中，我们一定能自信地对未来做出预测。大部分管理书籍都在兜售实现必然性的希望，但这种承诺是无法兑现的。在本书中，我将着力解决这一问题：一旦接受了自己无法掌控未来的设定，我们又该如何处理决策，即如何应对或然性。

最后，摒弃对必然性的虚妄依赖，会深刻影响我们对管理过程的认识方式。关于管理，我们需要新的比喻。主流的比喻仍把管理者喻为操控机器的人，他要读取刻度盘、操纵杠杆，以使机器的产量最大化（尽管机器很复杂，而且部分装置是隐藏的）。作为替代，我认为管理者就像扑克牌玩家，因为他们总是在前途未卜的情况下做出投资决策。我也可以将管理者比作为陌生领域绘制地图的探险家，他们心里很明白，在熟悉的领域形成的直觉并不适用于这块陌生的土地。

管理学专家对管理者的谆谆教诲与管理者实际的管理情况存在鸿沟，这是本书的一个主题。数十年来，人们对这些理论深信不疑，认为问题都出在管理者身上：他们要么没文化，要么懒惰。但是，如今我们都明白，管理者一直都在本能地管理或然性，并做着有效的判断。管理者一直在使用自己的判断力做出快速有效的决策，即利用过去的经验来管理未来。诚然，在熟悉的环境中，这种做法的确有效。但是，倘若我们不得不常常在陌生环境中做决定，情况又当如何？**我将研究在熟悉与陌生的环境中做决策时，直觉判断在决策中的优势与风险。**你将看到，我们可以从多变的扑克牌世界以及灵活的编程方法中发现经验法则，从而为不确定世界中的决策艺术提供指导。本书的研究对象是决策艺术，而不是决策科学。我们要走出必然性的迷思，学会在变化莫测的未来中有效管理，这才是21世纪管理技能的关键。

# 目录

## 第 1 章  你以为的决策并非真正的决策 ● 001

逻辑上无懈可击的理性决策并不总是最佳决策。有时候，本能的判断虽不能成为 PPT 演讲中的要点，也无法在 Excel 表格中进行计算，但却是正确的。

## 第 2 章　优秀的人也有时运不济的时候　　● 015

我们接受着处理确定性的训练，但学会处理不确定性才是真正必要之事。一旦尘埃落定，不得不面对不确定性，我们就需要一套完全不同的管理技巧，而不能照搬那些处理确定性的而最终无用的管理技巧。

## 第 3 章　不要追求完美决策　　● 031

我们可以只把理性思维的决策策略当成一种理想化策略，心知永远无法全盘照做，只能努力靠近。

**第 4 章**　**我知道我是对的（却说不清为什么）**　● 055

直觉式学习是从经验中提炼的。它体现了我们对事件最基本的情绪反应，因而具有巨大的能量，足以推翻最简单、最直观的理性论证。

**第 5 章**　**停止搜寻**　● 073

决策就是对备选方案、信息与目标的搜寻，而决策的艺术就在于判断停止搜寻的时机。

**第6章**    投资、风险与扑克牌    ● 087

管理者对资源部署的决策其实就是投资决策。同扑克牌玩家一样，公司管理者面临三种选择：弃牌、跟注或者加注。最优秀的管理者（同扑克牌玩家一样）在两件事情上比其他人做得好：在有优势的情况下赢得更多；在没有优势的情况下输得更少。

**第7章**    经验法则：第一部分——风险与投资    ● 115

如果你未能形成自己的直觉，又不能或不愿采取效率低下的规则式方法，那就使用经验法则吧。它们蕴含着他人的联想式推理、智慧和经验。因此，它们虽然不具有普适性，却可被用于特定情况。

## 第 8 章　在 "家附近" 做决策　　● 127

从一个环境中获取的直觉（经验）会在另一个环境中对你造成误导。

## 第 9 章　"离乡背井"做决策　　● 149

你要接受新环境的新奇，并且花时间为这一未知领域构建属于自己的地图。学会适应新环境。

## 第 10 章　过度自信与企业家　　● 167

"局外人"会以更为批判的态度看待成功概率，通过思考成功和失败的场景来改进你的"当局者"思维。

## 第 11 章　赢家与专家的问题　●187

"离乡背井"做决策的时候，我们通常会依赖他人做决定，要么支持曾经的赢家，要么指定专家。然而，他们过往的成功并不像我们想的那样，能可靠地指引未来。仅凭结果，我们无法把运气和技能完全分离开来，我们必须基于总体行为做出判断，从长期表现中找出最优秀的人。

## 第 15 章　经验法则：第二部分——为胜利而战斗　● 265

决策还要聚焦于与对手的竞争、错误信息的处理以及与强弱对手较量的策略。

## 第 16 章　决策的艺术　　　●275

决策是对判断力的行使，而不是对法则的应用。判断力总是主观的，很容易产生偏见、受到歪曲。决策的艺术在于了解判断力的来源——知道何时该信任自己的直觉，何时又该质疑。

**人**们对于决策有种谬思，并且电影电视所塑造的决策者形象也强化了这一谬思。人总能在关键时刻做出生死攸关的决定。仅凭一句话，他（几乎都是男性）便能为一系列行动定调，这些行动的辐射影响长达数年，改变着生活。然而，与大众喜闻乐见的印象相反，大部分的决策其实只是一些稀松平常的日常资源分配。决策并非孤立存在，而是层层相扣的。如果要用别人的钱来做决定，那么这个决定就必须具备正当理由。本章的研究对象是管理类决策的重要特征。

## 01
CHAPTER

第 1 章

# 你以为的决策并非
# 真正的决策

## 案例：350 亿美元的豪赌

1995 年 1 月 10 日，罗伯特·E.鲁宾（Robert E.Rubin）
宣誓就任克林顿总统的财政部长。仪式一结束，鲁宾就得直
接去见总统，让他做出一个极其艰难的抉择。他提供的两个
选项对比十分鲜明：一是要在无法确保能归还的情况下把 350
亿美元——美国纳税人的钱——借给墨西哥政府；二是袖手
旁观，坐视墨西哥政府因拖欠外债而招致墨西哥比索崩盘、
膨胀肆虐、经济持续衰退和大规模失业等必然恶果。对于刚
刚走马上任的人来说，这可不是一个容易的决定。

他之所以感到进退维谷，并不是出于对墨西哥及其人
民的利他主义。坦诚地讲，这个问题与美国的利益息息相
关。一旦墨西哥的经济崩溃，对美国将造成怎样的后果，这
无须多言，毕竟 1982 年的危机还清清楚楚地被记录在政治史
上。有人估算，其直接后果可能包括：非法移民（目前已有
500 万经济难民）增长 30%、跨境非法交易活动攀升、70 万
美国就业岗位岌岌可危，这些将导致美国国内生产总值下降
0.5%~1%。墨西哥拖欠外债所导致的间接后果则更加深远且
难以量化，可能导致其他发展经济体拖欠贷款以及全球经济
衰退的风险增大。但是，若要为墨西哥的经济提供支持，除
了用美国纳税人的钱去冒险之外，还存在其他潜在弊端。那
些冒险把钱借给墨西哥的投资人将得到纾困，私人投资者也

许会从中得到鼓励，进而做出错误决策，这样一来，不但不能降低这种局面重演的可能性，反而很可能重蹈覆辙。通过冒险干预，鲁宾的做法就好比将投资者保护在泡沫里一样，能令其免于"道德危机"。

幸运的是，鲁宾的深思熟虑并非曲高和寡。他获得了阿兰·格林斯潘（Alan Greenspan）以及拉里·萨默斯（Larry Sammers）的支持。两种结果都很糟糕，唯有两害相权取其轻。正如鲁宾在其回忆录《变化莫测的世界》（*In an Uncertain World*）中所言："'我们'得出了一个大致的共识……不作为的风险远比采取行动更大。"克林顿点了头，打算使用 500 亿美元中的绝大部分（包括来自国际货币基金组织的资金）作为贷款。二月份过去了，墨西哥的外汇储备减少到 20 亿美元，距离违约只剩几天了。在数周前还受共和党掌控的国会里，很多人本能地反对帮助墨西哥摆脱困境。国会的支持存在变数，至少还需要几个星期才能确定。这只会增加鲁宾和克林顿的政治风险（如果要干涉，必然是在没有国会批准的情况下进行）。在第一笔 30 亿美元被转出的前夜，在单方面"撤离权"仍然有效的情况下，鲁宾及其同事评估了这笔金融支援成功稳定墨西哥经济、阻止资本外逃的可能性。这里没有科学，只有对概率的大致衡量。据鲁宾回忆，他们对成功概率的估算从二分之一到三分之一不等。他想象着一个场景，自己不得不在国会听证会上回答这个问题："所以，部长先生，您认为借出数十亿美元（美国纳税人的钱）的帮助非常小？但您仍然转出了这笔钱？"

如果换作你，你会怎么做？

## ➲ 管理者的职能是什么

这个问题的答案在图书馆"延绵"数千米的书架上，在数千小时的讲座里。当今的管理者要扮演的角色前所未有地广泛：教练、掌控者、评估者、创建者、监督者、资源获取人、沟通者、销售者。好像每当书店上架一本新的管理图书时，就得增加一个角色。其实，事情并没有这么复杂。只有一个角色是管理者责无旁贷的。在团队建设会议和 SMART 目标[1] 被遗忘许久之后，这个角色将被用来判断我们的效率。管理者拿的就是做决策的报酬。

你为了实现机构的目标而做决策，也许你领的便是这部分工作的报酬，其中一定包括部署组织资源以达成既定目标的报酬。由你掌控的资源可能包括你自己的时间、你的部门预算、一笔几千万元的资本投资项目或几十亿元的收购专项资金。无论是跨国公司的首席执行官，还是新上任的部门经理，每个人都在为资源的最优部署

---

1  指制定目标所必须遵循的一个原则，是五个英文单词首字母的缩写：具体（Specific）、可测量（Measurable）、可达到（Attainable）、相关联（Relevant）、时间性（Time-based），简称 SMART 原则。——译者注

做决策，即十年战略决策、年度预算承诺、每周目标设定，以及自己精确到分钟的时间分配。

我们作为管理者所做出的决策具有一些共同的基本特征。这些决策通常是用别人的钱完成的，因此需要合乎情理；它们都是建立在彼此的基础之上，并非孤立存在的；其结果对其他人很重要；它们很容易被遗忘（至少对我们来说是这样）。

## ➲ 用别人的钱做决策

除非是自筹资金、独立工作的企业家，否则我们总要为（至少部分）属于别人的资源部署做决策。鲁宾就在为美国纳税人（并非最容易讨好的人）的钱做决策。若要深刻理解花自己的钱与代替股东花钱的区别，经营自己投资的公司是最好的方式。我承认，有时候调拨股东的一百万元比动用自己的一万元容易。事实不该如此，但大部分企业管理者会承认这一点（至少他们会在心里承认）。

## ➲ 必须合乎情理的决定

由于我们在部署别人的资产，所以不得不为决策做出解释。当鲁宾为一场假想中的国会听证会凭空想象出这些问题的时候，他心里很清楚，要证明自己的决定也许困难重重。决策者往往会选择容易向他人证明的路线。正如我们接下来看到的，**逻辑上无懈可击的理性决策并不总是最佳决策。有时候，本能的判断虽不能成为 PPT 演讲中的要点，也无法在表格单元格中进行计算，但却是正确的。**这是我用毕生经验浓缩而成的一种直觉。然而，在企业的生存游戏中，如果你告诉股东你因为直觉而亏了钱，却鲜有胜算。一个合乎逻辑的错误决定看起来远比不被旁人认同的直觉判断更有说服力。

## ➲ 决策往往层层相扣

在商界、政界，乃至更普遍的日常生活中，没有哪个决定是孤立存在的。每个决定都建立在前一天或上个月的决策之上，层层相扣。这个道理听起来似乎不言自明也并不重要，但矛盾的是，在论述机遇与决策的理论教科书里，却把一个个独立的决策当作标准内容。这一类型的讨论往往会孤立地看待某些决定，如该选择哪只股票，支持哪匹马，从罐子里抽红球而不是黑球。由此，人们错误地认为每一个独立的决策都可以从其自身角度来判断成功或失败，它并不会影响你对下一只股票的选择、对下一场比赛的投注，只会影响你钱包的分量。

与此形成对比的是，管理者可以以一年为期，决定雇用谁、布置哪些任务，如何为这一新岗位提供监督和支持，以及如何评价其业绩。如果业绩不达标，管理者有权决定终止雇用。每一个决策都建立在以前的决策基础上，每一个决策都是在具备更多信息的情况下做出的。管理者的下一个决定总是处于一个持续变化的框架之中。优秀的管理者会着眼于总体目标，在一个个错综复杂的关联决策中找对方向，这便是良好商业判断的精髓。

## ➲ 决策当然是重要的

要想在这个变化莫测的世界里做出更好的决策，对人们认识和判断风险的方式进行深入了解是有益的。这一点重要吗？对于我们个人而言，答案自然是肯定的。你的决策越优秀，在事业上获得成功的机会就越大（大家都能举出反例）。从长远来看，假如每个管理者都能在资源分配方面做出更好的决策，那么，毫无疑问，这个世界会变得更加美好，金钱、时间的浪费也会变少，更多人的事业则会得救。请稍做停顿，回顾世纪之交那些浪费在各式各样互联网梦想上的金钱。这可不是股市上涨时低价赚来的票据。花在公关顾问、无人问津的产品技术研究、虚假的商业计划以及高管薪酬上的数十亿美元都是真金白银，它们出自养老金缴款和个人储蓄，来之不易。这些钱都是在为一种承诺买单，不管这种承诺有多荒唐（结果证明，大抵如此）。了解商业决策的过程非常重要。机会成本是什么？假如换一种方式投资，结局会如何？

## ➲ "后见之明"会让我们发自内心地认为自己 一向都是对的

回顾以往的决策可令人清醒。在科技资产价值泡沫最严重的时期，我在一家风投公司做了四年投资总监。这一职业在当时并没有什么光环。回首过去的五年，我们很容易发现自己犯了哪些错误，高估了哪些资产。可是，我们却鲜少回头。倘若结果是大获成功，我们便会改写历史，忘掉之前做决定时的重重疑虑和踌躇，搭建一条充满自信的荣耀之路（商界自传多属此类）。如果结果不好，我们就只记得自己的疑虑和保守，想起自己先前并不看好的"先见之明"。

其他对决策的记忆也会产生扭曲。一旦决策的结果揭晓，我们对于决策过程的记忆就会出错。这并不是权宜之策，只是记忆运作方式的结果。我们不会想起之前的决定，只会重现得出最初预测的心理过程。只是到了现在，在"后见之明"的加持下，我们才知道了结果。当我们回忆最初的预测时，知道结果反倒成了证明我们具有先见之明的证据。这便是**后见之明偏误（hindsight bias）**，即一种明明做出了相反预测，却认为自己预测到事实的倾向。令人更为不安的是，实验表明，我们并没有意识到，对结果的了解会影响自己的判断。**我们发自内心地认为自己一向是对的**。于是，在项目功败垂成后所发生的事便可得到解释了。原本支持这个项目的同事一反常态，宣称自己一直存有疑虑。这不是简单的办公室政治，而是后见之明偏误决定了他们深信自己永远是正确的。

## 再看 350 亿美元的豪赌

　　美国与墨西哥的传奇故事的结局如何呢？美国和国际货币基金组织把这笔钱借给了墨西哥。一系列严厉经济措施的实施，导致失业率上升、实际工资下降，并且，在前几个月，比索随国际社会对该计划的信心持续波动。在 1996 年年初，墨西哥经济再次增长。在 20 世纪 80 年代初的那场危机里，墨西哥时隔七年才向国际资本市场再次借贷；但是，在 1995 年，这一间隔只有七个月。最后一部分贷款，以及 14 亿美元的利息于 1997 年 1 月还清。

　　鲁宾对于这一事件的讲述（2003 年）展现了优秀决策者的许多特点。这件事牵涉的金钱之多超乎大部分人的想象，其结果也改变了数百万人的生活。美国纳税人是最能记仇的利益相关者，加上国会的分歧，这个责任可能只能由决策者自己扛。鲁宾心下明白，一旦失败，自己的决策将无法被证明是正确的，但他仍然选择相信自己的直觉和分析。尽管最后的结局圆满，但他也从未忘记，这件事情有可能导致截然相反的结果（历史不会为了取悦讲故事的人而重写）。

　　这一插曲说明了决策的另一个特点：**结果通常不确定，我们对结果或乐观或悲观的预估，都可能在数年内发生变化。**

短短两年后，希望的曙光开始显现。或许是因为受到墨西哥债券持有人得以纾困的鼓舞，新兴市场投资出现激增。

继 1995 年墨西哥债券持有人得到解救之后，泰国和韩国获得了进一步的一揽子援助。最后，在鲁宾的敦促下，国际货币基金组织于 1998 年 7 月向俄罗斯安排了 230 亿美元的援助。似乎没有国际货币基金组织和七国集团化解不了的危机。西方国家的银行和其他投资者为新兴市场注入数十亿美元，因为他们明白，假若情势不妙，总有骑兵翻山越岭而来。有了这张可靠的安全网，投资新兴经济就成了稳赚不赔的赌局。然而，在初期援助开始仅一个月之后，俄罗斯却干了不该干的事，做出了债务违约的行为。这一次，鲁宾没有提出纾困。正如莫里斯·戈尔茨坦（Morris Goldstein）于 1998 年所说："基金组织和七国集团最终还是拒绝了。"这一次，投资者最终领会了这一信息。没有哪个新兴市场是安全的。这不止引发了新兴市场的资本外逃，这种情况存在于一切高风险投资之中。道德风险泡沫终被戳破。

## ⊃ 来自处理不确定性的挑战

一个多世纪以来，经济学家和管理思想家一直在教我们如何管理、如何决策。而在本书中，你会一再地发现，**理论家的教导与管**

理者的实践之间存在鸿沟。理论家告诉我们应当使用严谨的逻辑步骤做决策，而在实践中，我们的许多决策出自直觉；理论家宣称情感在理性决策过程中没有任何作用，而在实践中，情感反应对于决策有着至关重要的作用；理论家让我们对一切可能的选项做出评估，然后选择效用最大化的那个选项，而在实践中，我们只会考虑一两个选项，并且通常只评估它们的某一个方面；理论家告诫我们，最好的决策独立于环境之外，而在实践中，根据是赢是输、是为了获利或是避免损失、财力雄厚还是手头拮据等不同情况，我们会做出不同的选择。

　　一直到十年前，人们仍然认为，如果不按照理论家的规则做事，这个决策者就是糟糕（情绪化、主观又容易误入歧途）的。唯一的补救方式就是更加勤勉地运用这一理论。我们被告诫要更努力地尝试。现如今，这种观念正开始转变。事实证明，从许多方面来看，人类是经验丰富的决策实践者。我们被鼓励采用理性的理论，但在很多情况下，我们的判断力远比这些理论更精细、更复杂。许多教科书仍在宣扬纯粹理性的决策模式。一直到最近，才有一些作者歌颂人的直觉和情感智慧。我写这本书的目的是帮助你理解商业决策的本质，审视什么是有益的，什么是无益的，并且理解直觉式决策的优点和局限性。

　　在很多方面，管理科学好比一个病人，站立、行走都得依靠两副拐杖。一副拐杖是这个世界的终极可预测性；另一副拐杖是人类作为理性的决策者（至少应当如此）会竭尽全力让自己的财富最大化。这两副拐杖都应该被踢开。我们会发现，管理者不需要借助任何外力，他们可以稳步行走。其实，如果学会与或然性共存，懂得如何真正做决策，我们就能成功。**这里的挑战在于，要成为更优秀的决策者，靠的不是否定直觉和一味遵从纸上谈兵的理性理论，而是依靠认识自身决策方式的优势与劣势，并学会处理不确定性。**

## 换言之……

管理者每天都要就资源分配问题做决策。即便是原封不动地套用昨天的办法来安排资源，这种无意识的行为也是决策。决策往往要用到别人的钱，也正因为用了别人的钱，你就需要证明该决策的合理性。对于股东、员工以及其他利益相关者而言，这些决策很重要，对你亦然，因为你有能力创造或摧毁价值。但这些也是容易被遗忘、容易记错的决策。人们总是强调自己的成功，淡忘失败。后见之明偏差说明，我们相信自己总是能做出正确的选择（尽管事实并非如此）。然而，我们并不像记忆中的自己那般擅长做决策。

## 这意味着……

☆ 每当你做决策时，无论这个决策多么微不足道，都请停下来想一想，你的决定对稀缺资源的配置有着怎样的改变：注意力、人力、技术和金钱。

☆ 你得向代表资产所有者利益的人（通常是其他管理者）证明资源分配的合理性，但需要注意尺度。在某些组织机构里，这可能会占用过多时间。

☆ 人们很容易夸大自己的决策能力。选择性记忆和后见之明偏差会令你过于自信。请为你的每一个决定做记录。

☆ 在决策时，请开始认识自我。你的大脑在想些什么？考虑到了哪些因素？忽略了什么？这并不是要批评你的思考，而是要你加强对这个通常无意识的过程的认识。

## 经验法则

◆10 记录好每一个决定，以便调整你的判断。

**通**过第 1 章，我们已经知道，管理者要对资源分配做出决策，他们因此而获得报酬。那么，有没有一种科学的方法，可以令他们做出资源分配的最佳决策？或者，我们的决策总是包含一些运气的成分？管理的科学法则向我们承诺，可以对未来做出自信的预测。如果这个世界可以预测，那么，我们大可以把失败归咎于糟糕决策者的糟糕决定。我将在本章指出，我们要在一个完全不可预测的世界中实施管理，并且，管理理论不能同科学法则相提并论。尽管管理科学言之凿凿，而且我们心里也渴望确定性，但我们必须学会管理或然性，除此以外，别无选择。这正是扑克牌玩家一个多世纪以来一直在做的事情。

# 02
CHAPTER

第 2 章

## 优秀的人也有
## 时运不济的时候

## 案例：爆冷输牌

你赢的概率很大，但是手里的牌开始与你作对。扑克牌玩家把这种现象称为爆冷输牌。2006 年，德斯·威尔逊（Des Wilson）在《与魔鬼鱼游泳》（*Swimming with the Devilfish*）一书中生动地叙述了自己在职业扑克牌巡回赛上爆冷输牌的经历。彼时他已进入了一场锦标赛的决赛，坐拥 18 万英镑的筹码，已经超越了所有对手，是那次锦标赛的夺冠热门。

"这是第一手牌，我正看着两张红色的 A，坐在第一个位置上的人加注 2.8 万英镑。我问他：'你还剩多少筹码？'他回答：'还有 3 万英镑。'我说：'都放进来。'他照做，亮出了不同花色的 A 和 Q。坐在我旁边的人对他说：'我不看好你，我过了一张 Q。'我以为自己胜券在握。头三张公用牌打开是 2、4、6……"

德克萨斯扑克牌（他们玩的扑克牌的一种变体）的玩法细节并不重要。（本书并不要求读者事先具备扑克牌知识，不过，如果你对这些丰富多彩的游戏语言感到好奇，可以参考本书最后的词汇表，它对我使用的一些术语做出了解释。）威尔逊手握一对 A，他的对手有一张 A 和一张 Q。彩池里的赌注总额约为 12 万英镑。在另一位玩家已经打出一张 Q 的情况下，威尔逊输的唯一可能是，接下来两张牌——第四、第五张公用牌翻开来都是 Q（用三张 Q 击败威尔逊的两张 A）。

"……接着，第四张和第五张公用牌都是 Q 和 Q。而我刚刚投入了 6 万英镑的筹码。"

最后几张牌是 Q 的概率是 1/1900。威尔逊获胜的可能性高达 99.95%，但偏偏这次没有赢。接下来两手牌都出现了爆冷，他只能止步这场锦标赛。

"我上了车，围绕拉塞尔广场转了一圈，在我开到交通灯附近的时候，我发出了痛苦的吼叫。当时是红灯，就在等待的几秒钟内，我迅速心算出像我这样输掉三手牌的概率是九万分之一。"

商界也有爆冷的情况。在 20 世纪末，诺基亚（Nokia）和爱立信（Ericsson）都是世界级移动电话制造商。同许多管理有方的公司一样，爱立信采用了单一来源采购策略，选择飞利浦公司位于阿尔伯克基的工厂作为自己的芯片供应商。单一来源采购具有巨大优势。企业把所有需求委托给同一个供应商，便可节省一笔巨大的开销，并且能同供货商构建紧密互利的关系。相反，诺基亚采取多样化的供应策略，利用世界各地的工厂来满足其芯片需求。两家企业采用了两种相反却都合理的供应策略。诺基亚的多样性供应链既灵活又安全，而爱立信的单一来源策略虽然灵活性不足，却能在竞争激烈的市场上赢得重要的利润优势。爱立信和诺基亚两家公司勤勉的管理者可全权代表公司做出明智的决策。后来，2000 年 3 月 17 日，一道闪电在阿尔伯克基的飞利浦工厂引发了一场小型火灾。火在 20 分钟内被扑灭，看起来损失并不大。起初，该工厂的管理层认为损失只会造成大约一个星期的生产中断，并把这一事件告诉了诺基亚和爱立信。这种想法实在过于乐观。芯片生产要求有四个干净的房间，但烟熏和水渍折损了其中的两间，导致供应中断了数个星期。在这场危机中，诺基亚迅速应对，凭借自己同世界各地供应商开展建设性合作的能力，挺过了这场供应中断，几乎没有受到冲击。可是，这场危机，加上产品和管理方面的弱点，使爱立信几乎遭受了致命一击。诺基亚在六个月内的销售额增长了三个百分点，占据全球手机市场份额的 30%。同期，爱立信下降了三个百分点，市场份额缩水 9%。一年之后，爱立信宣布与索尼（Sony）合资。爱立信在市场上单打独斗的时代结束了。

　　当管理图书作家，如阿普加（Apgar），在讲述这一故事的时候，其暗示很明显——爱立信的决策存在缺陷。我不能评价爱立信是否轻视了单一来源采购政策的相关风险，但我认为，这件事充分地说明了人们认为运气在现代管理中无足轻重，而且，无论过程如何，管理者都要对结果负责。一场连本地新闻都没报道的小火灾，竟然会令爱立信的管理层名声蒙尘。这究竟得算作爆冷还是管理不善？当威尔逊面对连续出现的 Q，输掉了赢面高达 19 000∶1 的牌局时，他是不走运的。他的牌技很好，做出了正确的决定，只是这一次未能博得一个好结果。

经商是否同玩扑克牌一样，是一种技巧加运气的比赛？在或然性面前，任何研究和应用都束手无策，作为管理者的我们是否必须适应？抑或，经商是一种纯技巧游戏，只要有正确的信息和管理"法则"，就能确保未来的成功？如果是这样，我们就可以一直把失败归咎于管理者的糟糕决策。但是，若要自信地对未来做出预测，管理者就得在这样一个世界里实施管理：其一，因果可预测；其二，管理理论具备等同科学定律的地位。正如我们即将见证的那样，这两者都不成立。

## ◯ 市场的不当行为

四十年来，特立独行的数学家、经济学家伯努瓦·曼德勃罗（Benoit Mandelbrot）为了找到市场并非按照新古典主义经济学假定的方式制定价格（"天然"价格受随机"噪音"的反复冲击）的证据，一直在关注历史价格数据。他聚焦于 1998 年的夏季，彼时正值鲁宾和国际货币基金组织决定是否使用纳税人的资金来拯救俄罗斯经济之际。市场上流传着一些令人忧心却也构不成灾难的经济新闻——俄罗斯的现金危机、日本的衰退。但道琼斯工业平均指数在当年的 8 月先是下跌了 3.5%，接着又下跌了 4.4%，最终在 8 月 31 日下跌了 6.8%。据曼德勃罗描述："这一记重锤威力惊人，许多投资者都懵了……按照世界各地商学院所讲授的标准理论，像 8 月 31 日发生的这种终极崩盘，其发生概率是两千万分之一。就算你每天进行交易，并持续近十万年，也遇不到一次。"

　　市场善变的程度远远超出了传统理论所研究的范畴。三个世纪以前，牛顿（Newton）证明了简单的运动定律和万有引力定律可以共同作用，创造出一个稳定的、可预测的系统。理论上，行星将永远在自己的轨道上运行，不需要上帝或任何其他外力来维持。即使行星被路过的彗星打扰，它们也会自然地回归由几个简单法则所创造的平衡，恢复到稳定的秩序中。牛顿力学获得了成功，受其启发，我们所面临的挑战是摸索商业法则。亚当·斯密（Adam Smith）在《国富论》中指出，为实现个人财富的最大化，人们有足够的动力创造出规范的市场和稳定的价格。战争和农业歉收等随机事件可能扰乱市场，但市场并不需要外部干预，它终将回归平衡。尽管有关个人动机的假说在过去两百年变得复杂，但现代经济学仍然建立在这样一个原则之上：几百万次个人行为可以创造出一个稳定而有韧性的市场。曼德勃罗指出，有时候市场的波动性远大于传统经济模型的预测。市场之所以具有不稳定性，并不是因为外部随机事件，而是个体间互动方式造成的必然后果。

　　对于任何一个现代物理学专业的学生来说，这一点并不令人意外。牛顿力学以及斯密对于市场的分析，都注重描述处于或接近平衡状态的系统，此时各种作用力达到了平衡（产生了稳定的运行和价格）。然而，我们所接触的大部分系统并不是接近平衡的闭合系统，而是受到了外力作用，并且远远达不到平衡的开放系统：生物受到来自食物的能量作用，生态系统受到太阳辐射的作用，国际经济受到来自化石燃料的廉价能源作用。这些开放的、受到驱动的系统并非像牛顿和斯密的法则所预测的那样，能以同样安静有序的方式运行。诺贝尔奖得主、科学家伊利亚·普里高津（Ilya Prigogine）称之为"确定性的终结"，这些复杂的、开放的系统展现出的行为也被其称之为"确定性混沌"（deterministic chaos）。整个系统的行为确定了，但是个体成员的路径不可预测。不可预测的含义是，我们没有足够的信息来做出准确的预测。但是完全不可预测则是指无法事先预知未来。没有哪门科学能够确定无疑地预测事情的兴盛与失败。在个体（消费者、股票持有人、制造商、原材料供应商、规划者、政府官员）互动的网络中，每个人都在根据不完整的信息做决策，而且不同的目标无法像传统经济学模型的假设那样，创造出达到平衡的稳定系统。

**经济学是一个动态的确定性混沌系统。我们无法确切地预测该系统中的个体成员，无法恰当地评估起始仓位，不是因为我们太懒；无法正确地应用经济学法则，也不是因为我们太愚蠢。**假设有两家同一天诞生于相邻城镇的新网络公司，通过评估其管理团队、科技、顾客诉求，我们可以预测哪一家能在其经营的头一年站稳脚跟，却不可能确定无疑地预测两家公司的长期发展——它们的路线将会不可预见地分道扬镳。对于公司管理者而言，结论很清晰，即便有了全面的管理理论，我们也永远无法保证好的开始必然能得到好的结果。即便我们的理论再聪明，分析再严丝合缝，都无法关闭通向或然性的大门。其实，我们的管理学理论远远没有达到必要的严格程度。

## ● 管理"科学"

　　管理学依然坚定地贯彻牛顿式的科学态度。科学的真正力量不在于把理论记载于教科书和图书馆里，而是能够说出："通过这样的做法，我可以将其实现。"即有能力创造诱因，从而得到想要的效果。就像朝池塘里扔石头能激起波纹，因为有了科学，我们可以计算波纹的高度和速度。管理学认为自己具备同样的力量，即根据具体的原因预测结果的能力。"我降低价格，市场份额就会上升。""我执行一个全球人力资源管理计划，利润就会增加。"然而，不同于其他研究领域，物理学具有一个巨大的优势，就是你可以构建这样一个实验情景：除了你正在研究的物质特性之外，一切皆可保持不变。你可以简化环境以实现原因和结果的隔离，使之不受其他因素的混淆。对于社会科学（管理学自然也包含在内）而言，这种实验即便有可能实现，也实属罕见。我们无法让两家相似的公司仅仅区别于其掌舵人的管理风格，然后静观其发展。我们无法孤立地看待不同管理结构对公司业绩的影响。然而，不幸的是，这仍然无法阻止社会科学宣称自己的结论具有与物理和化学同等的权威性。

管理学的确也建立在这样的基础之上：它确定了实验验证的规律，这些规律孤立地看待因与果，并且认为我们的行为必然会产生可预测的结果。MBA 课程和管理学教科书仍在描述一个可以利用组织和市场规则自信解释并预测业绩的世界，所有不确定都是因为知识的匮乏，而不是经济的本质特征。然而，商业世界的或然性远远大于管理学界的权威专家对我们的教导。**我们在一个"种瓜未必得瓜"的系统中经营，在这里，我们永远无法预测一个行动将带来怎样的结果，任何研究和分析都无法消除不确定性**。欢迎来到现实世界。通过一个简单的观察，就可以揭示管理学的糟糕状况。解释过去似乎远比预测将来游刃有余。用一个理论来解释已经发生的事情是很容易的。以后见之明来看，2000 年科技泡沫的破灭是不可避免的。但是，当时最顶尖的经济学家，耶鲁大学的欧文·费雪（Irving Fisher）却在 1929 年 10 月的大崩盘发生仅前一个星期宣称美国经济达到了"永恒的高峰"。他并不孤单，因为没有任何经济学家预测到了大崩盘。

有了这些经"科学"认证的定律，人们似乎很容易理解一家公司成功和另一家公司失败的原因。每一个看似合理的故事都能强化理论。但是，正如伊利·德文思对于"魔法力量无边"的论述，即便有反例，理论也不会被驳倒。它们只能说明，在此事例中，一定有其他被忽略的因素在起作用。古老的管理理论，譬如魔法，不会被证据驳倒，它们只会过时。取而代之的是一种新的配方，另一套成功管理的"六步法"以及顶尖管理者的更多"秘诀"。

新墨西哥州的雷击事件是什么？它是一种概率极低，无人能预见的随机事件，还是触发了爱立信单一来源采购战略瓦解的导火索？雷击事件证明了单一来源采购对于当下特定情形是不明智的，还是不适合个体情况，甚至不适合任何情况？这到底是运气不佳还是管理不善？

## ➲ 执着于追求确定性

麻烦的是，我们不喜欢或然性。我们会花费大量金钱去消除它。当代的汽车产品质量非常稳定，头一年发生机械故障，产生昂贵修理费用的概率极低（为论证方便，让我们估计有 5% 需要修理）。但很多人会购买保险以规避这一经济损失：为延长保修期支付保费，相当于把遭受不确定损失的 5% 的概率变成确定的事。如果你认为延长车辆的保修期是明智的，那么你一定会对一起针对尼桑（Nissan）的诉讼中的数据感兴趣。在此案件中，延保的费用是 795 美元，但其中仅有 131 美元用于维修，其余是 109 美元的管理费，以及经销商的利润（555 美元）。

根据我们所接受的教导，我们必须知道答案。教育更注重对事物的了解，而不是知道如何找出事物（注重事实而非过程）。我们总认为身居高位的人必然知道答案。我们因自己的知识而得到提拔，这些是关于世界如何运作的知识，以及帮助我们对未来做出更明智决定的知识。假如我们不知道答案，第一反应就是虚张声势，因为承认自己的无知很危险。在机构中，如果有能力减少不确定性，个人或部门就能获得很大的权力。关于控制或然性的能力对权力的影响，法国社会学家米歇尔·克罗齐耶（Michael Crozier）在其对一家国有卷烟厂的研究中描述了一个有趣的例子。稳定的市场、国有的产业，以及常规的生产过程绝少滋生不确定性。克罗齐耶的发现是，维修工人在机构中的权力之大，与其在层级制度中的较低职级不成比例。克罗齐耶发现，由于机器操作员的收入是按照产量计算的，因此，对于工人来说，机器的维护便成为一个重要的不确定因素。维修工人小心翼翼，对修理机器的知识三缄其口。能对这一现存不确定性产生影响，这意味着他们被赋予了巨大的权力，他们便利用这一权力去改善自己的工作条件。在不同时期，同一家公司所面临的不确定因素也不同。在与竞争对手打价格战的时期，最大的不确定性是能获得多大的市场份额：由于销售团队有能力消除这一不确定性，他们便拥有了巨大的影响力。假如一家公司正面临大量的诉讼请求，其法律团队便会变得强势，能够影响其他部门的行为。在正常情况下，如果某一事物的不确定因素极少，那么它便会被忽略。

　　在许多机构中，高级管理层因为扮演着规划者和预言者的角色而得到了一些权力。通过构建模型，收集数据，在金融和规划领域拥有崇高地位的人编织出他们的魔法，做出消除不确定性的预测。

投资回报率精确到小数点后两位，如果销售预测得到"验证"，士气就会得到振奋。如果预测失误，那么就需要更好的模型、更多的数据、改进的报告以及收紧的控制。50 年来，自伊利·德文思以"仪式魔法"比拟经济预测开始，这些模型和计算能力已经得到了转变。我们试图用数据和信息处理能力来排除未来的或然性，结果却发现未来一如既往地不确定。**我们接受着处理确定性的训练，但学会处理不确定性才是真正必要的。一旦尘埃落定，不得不面对不确定性，我们就需要一套完全不同的管理技巧，而不能照搬处理确定性的、最终徒劳的管理技巧。**

## ⊃ 扑克牌、运气与管理

　　我以扑克牌界的一桩轶事开启了本章。在本书中，我仍将借用扑克牌玩家的经历和智慧，使之贯穿始终。你不需要懂扑克牌，也不需要对它特别感兴趣，无论是厌恶一切牌类游戏的人还是专业玩家，都可以从本书中得到同样的收获。我之所以要引入扑克牌游戏的观点，原因很简单：扑克牌是一种技巧性游戏，玩家必须在信息不全的情况下做出决策，完成资源（筹码）的最佳部署以求回报最大化。扑克牌玩家必须在不确定的情况下做出快速、关键、熟练的判断。再多的分析或研究（除非作弊）都无法决定下一张牌是什么、对家持有什么牌。对于扑克牌玩家来说，没有所谓的来自确定性的诱惑。正如德斯·威尔逊所深知的，"正确的判断往往会带来错误的结果"。今天的管理学教科书和案例研究一直在批评管理者的每一次失利，而扑克牌教程则一直在教导人们接受爆冷输牌，并且观察、学习和等待下一手牌。我认为，当今的管理者要在不确定的情况下做出投资决策，可以从扑克牌游戏中借鉴智慧，它比大部分管理学教科书更富于启迪性。

## 换言之……

　　优秀的人也会不走运。不是每一个赢家都聪明，也不是每一个失败者都愚蠢。即便是最好的决策，也会因时运不济而折戟。并且，由于在规划中永远无法消除不确定因素，运气始终应是被管理的一部分。物理学、经济学和管理学都是基于一种假设，即世界是稳定的（至少原则上）及可预测的。先不论这种假设本身有误，至少管理学不具备开展可控实验的能力，这便意味着我们很难确认因果关系。然而，研究人员和著述者并未因此而停下脚步，他们强调这门科学的权威性，借此开出有效管理的"处方"。可是，我们为何要听信他们自圆其说？困难并不在于为确定性搏力，而是要学会管理不确定性。

## 这意味着……

☆ 勿以决策的结果来评价他人和自己。从长远的角度来看，过程的经验和智慧比结果更重要。

☆ 要对声称找到成功管理的万能处方的管理学作家和研究者秉持怀疑的态度。

☆ 警惕那些善于解释过去却无法预测未来的理论。

☆ 要成为更好的管理者，你既不需要懂扑克牌游戏，也不需要懂混沌理论。你只需要承认自己无法掌控未来即可。你不能用管理确定性的方式去管理不确定的因素。

## 经验法则

♣A   不要用偶然事件的结果去评价他人。

♣5   面对一个理论，评价标准应当是它的预测而非解释。

♣6   管理学只是经验法则，而非万能定律。

♠8   面对不确定性，我们不能套用管理确定性时做出的尝试。

**如**前两章所述，尽管我们无法消除运气在商业中起到的作用，但我们总是在寻找得到"正确"答案的方法。我们希望成为"理性"的决策者，在不受主观判断的情况下筛选出最佳选择，这个选择亦能为他人所理解并接受。而本章却旨在论证，要筛选出最佳选择，即便是最简单的秘诀也总是依赖于人的判断。甚至，当我们开始决策的时候，就连目标也会发生变化。我们必须依靠个人判断，而这种判断总是反映着我们的个人经验。这一章的关键问题将是，我们该如何提炼个人经验，并将之用于决策。不过，我首先要回答为什么我们无法遵循简单的法则就得出正确答案的问题。

# 03
CHAPTER

第 3 章

## 不要追求完美决策

## 案例：结不结婚

　　在乘坐"小猎犬号"航行归来之后，查尔斯·达尔文（Charles Darwin）在私生活方面有一些重要的事情要处理。达尔文有做笔记和列清单的习惯。他在一张纸的上方写道："这是一个问题。"纸上有两列竖栏（见表 3-1）。

表 3-1　这是一个问题

| 结婚 | 不结婚 |
| --- | --- |
| 孩子（如果这能令上帝高兴的话） → 一个长期钟情于一人的伴侣（老来伴儿），一个宠爱和共同玩耍的对象 → 总比狗儿强 → 家庭，有人照顾家 → 音乐的魅力和女人的叽里呱啦 → 这些都有利于健康 → 被迫拜访、接待亲戚，浪费大量时间 → 老天爷，一想到要像工蜂一样穷极一生去工作，到头来什么都没有，真让人受不了 → 不行，不结婚 → 那就想象一辈子孤独地生活在肮脏的、雾气沉沉的伦敦的这间宅里 → 只能幻想出一位温柔可爱的妻子，她就坐在温暖炉火边的沙发上，也许还有书籍和音乐为伴 → 拿这景象同万宝路大街暗淡的现实作比较吧…… | 没有孩子（没有第二人生），无人照顾的晚年……想去哪里便去哪里 → 社交有选择，且少之又少。可以在俱乐部同聪明人言笑晏晏 → 不必被迫走亲访友，也不必屈从于鸡毛蒜皮的琐事 → 要为子女花钱、费心 → 也许还有争吵。浪费时间 → 傍晚无暇阅读 → 肥胖和懒惰 → 焦虑和责任 → 购置书籍的经费变少，等等 → 如果子女多，还不得不养家糊口（但工作太劳累会危害健康）也许我的妻子不喜欢伦敦，那么等待我的审判就是懒惰、愚蠢的堕落…… |

　　然后，或许是为了给我们提供一个线索来明白他的倾向，他在这张纸的背面写下："幸福的奴隶不在少数。"

　　很明显，对于达尔文而言，这是一个极其重要的决定。他可以结婚，也可以继续单身。他为两个选项分别列出了可能的结果。在完成每一列清单后，他又为每一项行为都权衡了利弊。我揣测达尔文有一个目标，我们可以合理地推断，他希望最大限度地提高余生的个人幸福感。我想象他对照着这一幸福的目标来复审每一项预估的结果，尝试做出对自己最有利的抉择。在追求最佳结果时，达尔文有条不紊地进行着搜索：设立一个目标、列出选项、认清结果，最后评估出最能满足其目标的选项。达尔文遵循着决策的结构流程，我估计大部分人在人生的某个阶段都做过这样的尝试。

## ➲ 真有完美决策的秘诀吗

　　管理学理论有两种风格。有一些理论源自对叱咤风云的企业的观察。这些是基于归纳逻辑的理论。我发现所有业绩斐然的公司都执行了某项管理实践（这项实践可能就是当下流行的做法），因此我得出结论，认为某项管理实践便是优秀业绩的原因，并且写出一部名为《通过 × × 提高业绩的五步法》的著作。菲尔·罗森茨维格（Phil Rosenzweig）在《光环效应》（*The Halo Effect*）中有力地揭示了这些理论研究所存在的基本逻辑缺陷。从原因中剥离出纯粹的联系是一项极富挑战性的任务。另一种风格的管理学理论使用的是演绎逻辑。这些理论以简单、显然无可置疑的事实开始，然后用逻辑推导出行动的原则。许多管理学教科书描述的决策理论原则就属于这类演绎理论，基于看似无可辩驳的逻辑，却置管理者的真正实践于不顾。

　　决策理论其实是一种秘诀。如果认真地遵循这种方法，任何人都可以做出"正确"的决定：一个放之四海而皆准的客观综合程序；一个既不受我们心情变化影响，又不取决于个人经历的程序；一种任何"理性参与者"皆可遵循的方法，在每个分岔路口都可以选择出正确的路径。在达尔文潦草的笔记背后，是否有我们正在寻找的元素？让我们正式地列出这一理性过程，追求完美决策秘诀的步骤如下：

（1）了解你想要的，即确定你的目标；

（2）确定所有可替换的行动方案；

（3）收集有用的信息，然后推断出每一个行动方案的所有后果；

（4）筛选出最符合你的目标的行动方案。

　　逻辑清晰、直白，预设合理。你不需要广泛地观察顶尖业绩公司的管理人就能明确这是最优程序。事实上，这一基本模型的各种变体已经成为商业决策的公认智慧，并且有大量的文献教你如何扩大搜索选项、如何对结果和多属性评分系统的描述做出评估，以平衡竞争目标。这看似一种简单的常识，但却同在厨房的高热环境中烹饪一样，难以执行。我将把"四步走"的第一步"了解你的目标"延后讨论。现在，我将从第二个步骤"确定所有可替换的行动方案"开始。

## ⊃ 确定所有可替换的行动方案？人脑不是计算机

教电脑下国际象棋看起来是一个可以达到的目标，是我们的理性决策模型和现代计算有能力达成的事情。国际象棋是一种简单的游戏，在一块拥有 64 个格子的棋盘上用 32 颗棋子完成规定的步法。电脑要做的不过是在每个位置上选择最好的一步棋。此情况没有隐藏的信息，也没有运气和不确定的因素。

1996 年，IBM 的计算机"深蓝"首次向彼时的国际象棋冠军加里·卡斯帕罗夫（Gary Kasparov）发起挑战，要求进行一场锦标赛时长的较量。尽管计算机"深蓝"确实在六场系列比赛中取得了一次胜利，但是在其余几场比赛中，卡斯帕罗夫赢了三场，平了两场。次年，他又和重磅升级的计算机重新比赛，这一次，卡斯帕罗夫输了，最后的比分是 2½ 比 3½。这是有史以来，世界冠军在锦标赛规则下第一次被机器击败。是卡斯帕罗夫在第二次比赛中失误了，还是"深蓝"的决策能力显著提高了？ 1996 年版的"深蓝"每秒能够计算一亿位数。一年后其运算能力翻倍，一跃成为地球上最快、最强大的超级计算机之一。这种基本处理能力的改进是关键因素吗？

下象棋的电脑利用其完美的记忆和极快的计算速度来尽可能地评估未来每一步棋的后果，比它的人类对手看得远得多。处理能力翻倍听上去令人震撼，但是，每多预见一步棋，就需要增加 35 倍的处理能力（基于每个棋手在每一阶段平均走 35 步棋的合理预设）。可能的棋数增加极快，因此处理速度翻倍也没什么大作用。"深蓝"之所以取得如此巨大的进步，是因为它比人类更擅长做这些事。经过程序设计，它开始模仿人类下国际象棋的方式。我们不能，因为我们无法穷尽地追求完美的行动。我们所做的是，通过学习最有可能出现妙棋的模式来减少需要评估的选项数量。我们很早便摒弃了大部分选项，这样就可以在最有希望的几条发展路线上训练有限的记忆力和分析能力。通过研究几万场大师级别的比赛，"深蓝"已经学会如何识别和评估这些下棋模式。它获得了国际象棋 200 年的智慧，并将之用于识别通向成功的模式。然后，它可以集中其巨大的处理能力，对少数几个最有希望的选项进行深入研究。最终击败卡斯帕罗夫的不是蛮力，而是一台配备了人类玩家精粹经验的计算机。

集中力量研究少数选项也是人类在许多领域做决策的方式。扑克牌玩家不会考虑或评估对手每一手牌的所有可能性。优秀的扑克牌玩家利用由经验累积的判断力来决定哪些设想需要关注。同样，有意进行收购的公司也不会详尽地考虑一切可能的收购。由于有了经验，也许只有两三个备选选项会得到详细的考虑。

## ⊃ 收集一切相关信息？你还是应圈定一个范围

　　大部分管理团队都会在某个阶段碰到这样一个老生常谈的战略问题：是否应该让公司的业务多样化，以及如何多样化？经济学家给出了直截了当的建议：在所有条件都平等的情况下，把投资分散到高于当前回报率的市场中去。怎么做？收集信息，以便估算每个可选业务领域内可能的资本回报。直截了当的建议与放牧所面临的问题类似，即有没有一种合理的策略能指引动物，令其知道何时该前往新的觅食地？就像经济学家建议董事会考虑多样化一样，觅食的动物也遵循一种合理的"边际价值"原理。如果留在原地，食物越来越少，那么，在原地找到食物的速度与在别处找到食物的最快速度相等时，觅食动物就应当离开。趁着篱笆外面的草更青翠继续前进。乍一看，这条给羊群的建议让人无可辩驳，既简单又合理，即在其他领域大有可为的时候选择离开当前领域。可是，站在羊的角度，很难基于此原理做出实际的决定。羊群不会知道何时该离开，也不会知道该去哪里。如果没有亲临其境，就无从知晓那里的草是不是更加青翠。有一头母羊没有吃草，她一直在寻找。但寻找是有成本的。那么，如果羊有理性，它该如何把握决断的时机？理性的董事会又该何时确定多样化的战略？

　　动物已经形成了更为实用的觅食策略。这些都是经得起计算机模拟验证的简单策略：在一段固定的时间后离开；如果在固定的时间内没有找到食物，就选择离开；在找到食物的速度过慢（低于预设水平）时离开。最后一个策略最有效率。**一旦当地不再"足够好"，就是该抽身的时候。**一个简单的行为法则不会优化喂养率，而是用最少的信息（当地的喂养率和特定最小值）来促成决定。这听上去很简单，事实上，有一种黄蜂正好在使用这种觅食策略。这种黄蜂在决定下一步去哪里觅食之前，会尝试收集数据、对每个觅食地点进行评估，但它们已经灭绝许久了。巧合的是，针对潜在多元化投资收集信息的董事会也早就散了。

　　理论上，在所有信息可用的情况下，你可以做出最优决策。但在现实中，你永远难下决心，因为你无法收集到一切信息。对于羊群和公司来说，何时该开拓新天地，这一决策关乎生死。你也许会认为，是优胜劣汰筛掉了那些觅食效率最低的个体。他们都没有使用本章开篇的优化理性模型。**但现实是，在信息不完整的情况下，决策策略似乎并不像我们最初设想的那般显而易见。**其实，许多扑克牌教练为玩家提出了极其类似的策略。他们建议玩家按小时来设定目标回报率。该回报率根据玩家的经验和具体比赛的投注限额各有不同。如果你因为对手特别有经验而达不到平均回报率，那么就应该停下来，去尝试另一种游戏。建议完全相同，却是源于经验的总结，而不是理性理论的产物。再次强调，判断力是必要的。

## ➲ **你并没有那么多时间**

　　你在玩德州扑克牌。你有一张 J，一张 10，三张公用牌分别是 9、8 和 A（其中有两张红桃）。底池里有 600 美元，而你右边的玩家刚刚下注 200 美元——你的左边还有两位玩家。你会怎么做？

　　理论上，你应该能够运用理性决策模型，使回报最大化。与国际象棋不同，你的选择很少——弃牌（放弃当前的手牌）、跟注（跟 200 美元并留在牌局中）或加注（跟 200 美元并增加赌注）。但是，不像国际象棋，这里还存在信息的缺失。你不知道转牌（第四张公用牌）和河牌（第五张公用牌）是什么，也不知道对家的牌是什么。不同于羊需要长途跋涉才能了解远方的食物情况，你可以利用概率知识以及对对家打牌风格的了解来做出判断。计算出得到 Q 或 7，组成顺子（五张连牌）的概率有多少。在理论上，你也可以得出对手拿到同花（所有的牌都是同一花色），或者他们手上的牌比较大的概率，以及他们虚张声势加注哄你弃牌的可能性。因为信息有缺失，你无法准确做出决定。但是，如果你能计算概率，你就应该有能力找到最有希望的赌局——长期回报率最大化的行动方案。妨碍你做出完美决策的因素是时间。发牌人正盯着你看，焦躁地摆弄那副牌。牌桌上摆满了筹码，人们在翻牌、数牌、放牌。凝视的双眼严肃起来，透露出显而易见的不耐烦。也许你最多还有 30 秒来做决定，你的脑海里装满了概率、百分比和可能性，你怕输，不甘心丢掉已经投入的筹码。你该怎么做呢？

由于备选选项极其有限，逻辑分析是不可能的。信息虽然不完整，并且存在不可避免的不确定性，但却唾手可得。计算机因选项太多而崩溃，羊群因信息太少而崩溃，没有经验的扑克牌玩家的问题则是时间快用完了。在比赛中，没有足够的时间来从基本原理开始进行分析，做出优化的决定。在商业中，每天都会发生在时限内做决定的情况：与供应商面对面谈判、应对客户拒绝和关闭订单的情况、处理突发的人事问题。

有时，你需要迅速采取行动；有时，你没有时间去考虑所有的后果。有一些决定必须在毫无准备的情况下做出——教科书无法教你变通地应对一切。有时候，你无法使用"这个问题明天再回复你"的招数。

## ➲ 尽力而为即可

那些看似简单合理的决策模型根本无法实施，因为这些配方适应不了具体情况。在现实世界，从会下国际象棋的计算机、饥肠辘辘的绵羊，到扑克牌玩家，实际情况太过复杂，备选方案太多，信息太难获取，时间又有限，因此我们往往无法给出合理的优化解决方案。或许，我们只需要把眼光放低一点。我们可以只把理性思维的决策策略当成一种理想化策略，心知永远无法全盘照做，只能努力靠近。你不可能收集到一切信息，也无法评估一切结果，我们可能无法基于完整的信息做出绝对理性的决定，不过，尽力多做或许是最好的选择。我们可以尽量多收集信息，在能力范围内对其进行详细分析。天道酬勤，也许越努力就越接近正确答案。在配料不齐全的情况下，无法忠实地遵循完美决策的配方，但如果够努力，还是可以及格的。

许多机构似乎都在遵循这一决策模型。我们后面会讲到，细致的分析占据了一席之地，但是投入太多热情去搜集用于决策的信息则会带来一些极其负面的后果。可是，对正确答案孜孜不倦的追求又怎会有错？我知道有一家销售额超 10 亿美元的国际商务服务公司，其高级管理人员经常重复这样一条非正式的准则："慢而稳"强于"快却笨"。当公司的高层管理者提出收购或推出新品的计划时，决定权总是掌握在首席执行官手里。人们往往会呼吁更深入的研究，委托他人撰写市场报告，几个月过后，这些发现被报告给高层管理团队，其间，沮丧的管理者被数次提醒要秉持"慢而稳"的准则。鉴于人们对于"正确"决定普遍存在迷思，便很难去反对一份市场调研报告，它能提供更多的信息，只不过是换个角度看待这件事，又怎会有什么害处呢？这家机构在寻求一种避免决策的方法，即在声称需要更多信息的背后，隐藏着对风险的规避。这家公司的企业文化显示，他们对中层管理人员极端不信任。

显然，如果需要更多更有深度的研究，并不是由提交计划书的管理人员去做。高层管理者会委托公司以外的专家为自己做研究。他们清楚地传递出这样一条信息：他们不相信管理人员会给他们展现出全貌，也不信任他们做出的决定。事实上，"慢而稳"不仅仅是风险规避和优柔寡断的借口，还是他们对员工的市场知识和专业技能极度不尊重的表现。**最糟糕的情况莫过于，你不信任、不接受某些管理者的判断，却仍然支付薪酬给他们，并且因为决策过程过于缓慢而错失良机，而这一切都被一个错误的信念支撑着："多做市场调查就能接近完美决策，这总不会错。"**

　　不愿意做决策，和需要更多信息才能做决策的倾向早已为决策作家们所洞悉。阿普加（Apgar）用"百科全书编纂者"来指代一些妄图掌握一切信息却不做事的人或机构。埃齐奥尼（Etzioni）则给出了这样的评价："过度警惕——沉迷于收集越来越多的信息，却不做决定。"看起来，**追求理性的决策模型的确很危险。毕竟，最终还是判断力说了算，这归结于对可能性的主观评估。**再多的研究也无法确保这个决定的安全性和合理性，也无法保证它绝对客观。个人的判断是决策过程的一部分。扑克牌玩家知道自己无法收集到一切信息；决策永远是一个判断问题。即便是公司管理者来做决定，也无法收集到一切信息（不确定因素不可避免），因此，他们不得不做出判断。然而，有时在机构中，个人承担风险就是一种自杀式策略。因为拒绝风险而错过机会的错误常常无人关注，可是，甘冒风险而功败垂成却往往人尽皆知。不作为似乎反倒没有杀伐决断的过错严重。我们将在后文中看到，在大多数情形下，人们倾向于规避风险（赌徒亦如是），因此，畏难不前的企业文化将会严重阻碍创新和变革。

## ➲ 如果继续搜寻不再有回报

或许，我们可以考虑进一步修改这个简单的配方。假如我们都同意坚持搜寻方案、收集信息、评估选项，直到这样做的成本大到令我们无法再继续为止呢？这似乎是符合常识的。我们坚持为一种新产品进行市场调研，直到下一份研究报告透露出不值得再投入额外花销的信息为止。我们一直在面试候选人、处理推荐信，直到得出结论——为面试下一位候选人所付出的额外时间和精力并不会改变我们的招聘决定。这一版本的理性决策过程承认信息和时间是有成本的，且二者都受到了约束（有时被称为约束条件下的优化——通过承认资源和时间的有限来达到最好的效果）。尽管这很吸引人，但它是否能帮助我们成为理性的决策者？这一点尚不明确。如何认定下一步搜索的结果是否与成本不符？如何认定自己做的已经足够多？这个问题无法得到客观的回答。这将是一个判断，任何决策者都无法复制此判断。由于个人经验和心态不同，所以，不同的管理者会在叫停的时机上做出不同的决定。"正确"的决定同样遥不可及。如何在实际情况中做出判断？决策者又将面对怎样的陷阱？这将是本书后文所关注的问题。我们其实是有效率的决策者，只不过我们没有穷尽（理论上是无穷尽的）备选方案、证据和结果。在时间、信息稀缺的现实世界，我们使用一整套心理学方法来做决策。这些心理学方法也随之不断更新，解决着社会性动物所面临的问题：我能信任谁？我能在哪里找到水和食物？对于我的子女而言，谁是他们父/母亲的最佳人选？好消息是，对于我们熟悉的情况，这些心理学决策方法既迅速又聪明，成效惊人。坏消息是，我们也会因为它们而受到研究充分、理解透彻的偏见的影响，关键是，在不熟悉的情形中，它们无法帮助我们做决策。

## ➲ 你真正想要的是什么

在关注搜寻备选方案和收集信息的过程中，我跳过了第一个，或许也是最重要、最有疑问的步骤，即确定目标。我猜想，达尔文是想最大化自己的个人幸福。我曾数次面临艰难抉择，同达尔文一样，我写下了不同的选项，并且针对每一个选项都列出了后果。我不能断言这样做是否有用。我似乎总是在两种行为过程中做出选择，例如，面对一份薪水更高，但难度更大、更费时的工作，我应该接受还是婉拒？我努力列出可能的后果，然而，是接受新工作还是按兵不动，俨然成了关乎目标的决策。这个决策似乎也很棘手。我真正想要的是缩短工作时长，还是财务自由（金钱能够带来的自由、安全感、地位）？更要紧的，是选择来年的悠闲还是退休后的经济保障？

起初，我们总是自以为明确了自己的目标，认为它简单清楚，不存在冲突。但现实很快会模糊你的双眼。更准确地说，我们也许清楚自己的目标，却未必了解自己愿意为这个目标的达成付出多大代价。比如，我知道自己的目标是减重，但却不知道（后面会渐渐发现）自己愿意在多大程度上做到少吃和早起慢跑。我的减肥目标与其他目标（吃好、睡足）发生了冲突。我也许从未承认这些是目标，但它们却限制了我实现设定目标的能力。

我们在挑选住所时，这些隐藏的冲突就会突显。就在我们往线上房源数据库键入搜索标准时，这个过程往往便开始了。我们输入卧室数量、价格区间、地段和离学校、地铁站的距离标准，数据库针对我们的标准进行筛选，为我们匹配库中的房源。接着，困难来了。我们自以为清晰的"目标"突然出现了矛盾之处。由于价格区间限制，无法选择临近学校的三居室。带花园和靠近市中心的房子是无望了，接着你又发现大多数房产都是现代建筑，有些无趣，但建筑的历史和"个性"却不能成为搜索标准。而且，你理想中的房产往往根本不在匹配结果之列，因为搜索算法不会明白，两间卧室加储藏室可以改为三居室。因此，尽管房源数据库拥有 50 万以上的条目，也能提供虚拟看房，但房地产经纪的角色依然必不可少。人具有与生俱来的能力，可以在客户相互矛盾的目标和理想中挑出一条路线，在数百种可能性中缩小范围，得出一个易于梳理的、能反映出目标和实际决策的复杂又折中的初选名单（至少在房源数据库的搜索界面能像人一样解决冲突目标问题之前，房地产经纪的角色是必要的）。

在商业环境中，我可能知道自己今年的目标是利润增长 10%。然而，当我关注这些实现该目标的路径时，我发现它们会与其他目标产生冲突，或许我没有意识到这些目标，至少没有明确地表达出来。为了实现眼前的目标而减少产品研发投入是否明智？是否可以为之牺牲一些环境条件或伦理原则？是否能接受为此而削减培训投入？假如这种培训关乎员工或顾客的安全呢？这一既定目标必须与其他目标平衡：要有一个强大的产品线来支撑未来几年的收入，要有一个训练有素、积极向上的团队。这些目标并不简单，实际上很复杂，而且还在不同的层面持续发生变化。假如目标的实现太过复杂或是太昂贵，那么某些（甚至大多数）目标就会被舍弃。在开始一个决策过程时，我们并非总是清楚自己的目标是什么，如哪些是次要目标，哪些是基本目标。这不是管理不善，也并非思维混乱，而是目标的本质使然——不稳定、不明确。如果你把目标绝对化，麻烦就开始了。接下来，你需要认真对待自己的理想目标，或许能够实现它。

　　如果把目标固定下来，势必招致许多问题。制定绩效与收入挂钩的目标就是一个典型的例子。员工的目标通常是简单明了的（其实人力资源专家也会这样建议）：一个基于销售业绩、基于达成项目目标或赢得重要合同的简单激励。在现实中，这些看似简单的目标从未充分体现出复杂性或偶然性。没错，销量是目标，但该留多少余地？为了促成这笔订单，可以向客户做出哪些承诺？哪些又不可以？ 100% 的客户投诉都可以在 20 天内圆满解决，但这要付出怎样的代价？当你牢牢锁定一个目标时，你是给管理者们创造了一个动机，使得他们忽略了围绕这个目标所制定的其他目标。如果你为这一目标的达成提供了大量的激励，那么就要当心：一方面，你也许得到了你想要的；另一方面，你也会见证一大堆附加目标碎落一地，其中包括公司在供应商中的声誉，在客户间的口碑以及在该行业的道德声望。在机构中，决策常常为内部政治所陷。导致这种冲突的一个诱因是，不同的人有不同的目标；这些目标也许是不可调和的。倘若目标不同，就没有达成共识的过程，继而开始政治博弈，吸引他人赞成你的想法——如果你同我的目标一致，你就很可能认同我的解决方案。

近年来，英国国家医疗服务体系（National Health Service，NHS）的管理者受到激励去达成目标和绩效评级。安娜·沃克（Anna Walker）最近被任命为卫生委员会专员，该委员会专门对众多卫生服务机构进行评估。在一次采访中，她讲述了自己与一家提供医疗服务的信托公司的首席执行官的谈话，对方解释说："如果你把绩效评级当成目标，可以得到三颗星；但假如你竭尽全力去得到这三颗星的荣誉，那么这个机构的其他人就都会被遗忘。"你所设定的业绩标准永远不能像机构的既定目标那样复杂。

## ➲ 目标——日本人的视角

针对一家日本银行美国办事处的美国和日本经理的差异，威廉·大内（William Ouchi）进行了研究，这一研究完美地阐明了西方人对"机构就像机器"这一隐喻的依赖程度。当他问美国人，在同日本人共事期间会在哪些方面最受挫时，得到的答案是一致的："这些日本人根本不懂目标，这简直要把我们逼疯！"然后，他又对被派往美国办事处的日本员工提出了同样的问题，得到了同样明确的回答："这些美国人似乎根本不具备理解目标的能力。"

他好奇地开始了第二轮访谈。美国人要使目标更加明确："我们拥有一切必要的报告和数据，但是却不能从他那里得到明确的目标……没有明确的奋斗目标，我们怎么知道自己的业绩是好是坏？"而日本高管却表示："要是我能让那些美国人懂得我们的银行哲学就好了……假如他们能理解这种哲学，那么他们就能保持头脑清醒，知道该为具体的情况树立恰当的目标……"大内的提问充分体现了，主计划的附加目标同探索过程中出现的目标之间存在必然的差异。尽管大内的访谈是在 30 多年前进行的，但却仍然真实地反映了管理者对自身角色的认知。近期的一项研究发现，62% 的企业高管认为自己扮演着监护人的角色，十分强调逻辑性和组织性。计划必须定下来，并得到执行，这一点不容置疑。可是，假如这个计划并不合理，或者情况有变呢？

我并不是说设定目标的方式行不通。根据我的经验，如果目标制定者和受激励的员工能够认识到这些未正式纳入激励计划的回报和妥协，那么设定目标就是可行的。目标的设定有利于分清轻重缓急，却不能替代该机构所代表的全部目标和价值观。假如你咬定一个目标不放松，把它抬到了不容置疑的位置上，那么你就无法掌控其他目标。

所以，无论是作为理性的决策者，还是一心要为公司确定最佳方案的勤勉管理者，我们得出的结论或许都令人不快。完美决策是无法企及的。我们无法获取完整的信息，无法推断出自身行为将会导致的一切后果，甚至都不确定自己一开始究竟想要什么。即便我们把眼光放低些，在目标上退而求其次，却发现，依然要把握停止的时机，我们所倚仗的也唯有自己的判断力而已。要把自己或员工训练成为理性的决策者，似乎也没有捷径。我们将满足于个人的判断，而这些判断可能因我们的经历、心理以及对目标的认知而与众不同。

我们的旅程才刚刚开启，但在针对完美理性决策这种愚蠢模型的思考中，我的一些建议已见雏形。经验会告诉你哪些方案最有前景，请专注于此，不要浪费时间去关注每一个遥不可及的可能性。因为完整的信息永不能及，所以你不得不在部分信息缺失的情况下做决策。只有经验能告诉你这一缺失是否关乎生死。假如你认为已经得到了足够的信息，那么就做决定吧！

## 达尔文事件的后续

实际上，达尔文做出了决定，他在第一栏底部写下"结婚、结婚、结婚，证明完毕"的字样。他似乎并没有在寻找太太的人选上浪费过多的时间和精力，因为他第二年便娶了自己的表妹，之后育有十个孩子。

我们已经看到了达尔文关于要不要结婚的决策过程，但是他是如何确定结婚对象的？结婚对象是人生中最为重大的决定之一（从个人或进化的角度来讲皆如此）。或许你也预料到了，理性主义者提出了一个模型，用以描述寻找理想伴侣的最佳方法。

### 寻找理想伴侣的理性方法

假设我们一生中会遇到 100 个伴侣人选，再假设（这有些不现实）这一决定是你单方面说了算，亦即我们选定的人必定愿意成为我们的伴侣（要对双向选择的理性策略进行描述也是可能的，只不过额外增加的复杂程度并不会改变总体原则）。最后，我们每次只能追求一个对象，而且一旦放弃某位候选人，就不能再回头。我们能否通过某种策略，使找到并留住完美伴侣的可能性最大化？利用基本的概率理论，你可以想出一个合乎情理的叫停规则（只要遵循此规则，就能把握叫停的时机）。结果竟然是，你应该继续约会，继续寻找，直到你遇到 37 个合适的人选为止。在这 37 个人之中，你应该选择最拔尖的那一位作为结婚对象。这种理论体现了一个事实：如果你决策过早，很可能错过绝佳对象；然而，无休止的约会又有可能使你错失（且无法挽回）已出现的最佳伴侣。从本质上来讲，就是用这 37% 的覆盖面来确定候选者的范围，再利用这一信息去筛选出一个目前看起来最好的对象。简单明了。爱情和恋爱丝毫不相干吗？你也可以提出异议，认为情感在此决策过程中作用重大。如果我们找到了自己眼中最好的对象，这说明我们可能已经爱上了对方。但是恋爱是一种高度紧张的情感状态，会令我们停止寻找，因为我们已然不想继续寻找更好的伴侣了。由此，即便是对于理性主义者，爱情亦有作用。

虽然永远无法求证，但我猜测达尔文使用了另一种策略。我猜测他可能对未来的妻子有着各种各样的要求，社会地位、受教育程度、年龄、健康状况、教养子女的能力可能都是筛选条件。我认为，他选择同表妹结婚，说明在找到符合这些标准的第一个对象后，他便没有再继续寻找。羊群在牧草不够好的时候会离开，而达尔文在遇到第一个良配之后便不再寻找。人们用这种策略时不需要了解其他备选项，也不需要从中做出最优决策。同羊群一样，达尔文根据非常有限的信息做出了决策。但不必嗤之以鼻，有时候，我们也会采用这种策略。只要足够好，我们也会指定唯一的方案。想想我们选择的第一个符合家人的一切期许的度假地，把保洁合同签给第一家符合要求的公司。对此别胡乱批评，我们的确经常这样做。当你意识到它是一种决策策略时，就会发现大家都在使用。

最后，来看看雌孔雀鱼的择偶策略。雌孔雀鱼会选择颜色最鲜艳的雄孔雀鱼作为配偶。在两条雄鱼之中，雌孔雀鱼会选择颜色更为鲜艳的一条。但是假如两条雄鱼颜色差不多鲜艳，雌鱼就会选择曾与其他鱼交尾的雄鱼（即便其颜色相对略暗）。换言之，如果颜色的魅力差别不大，就选择别人曾选择的对象。在这种情况下，叫停策略很简单，取决于社会因素。我们也许认为，这不过是脑容量窄小的小鱼的本能抉择，不值得一试。可是，你敢肯定选用别人曾经的选择不能算作人类"叫停搜寻"的一种策略吗？换作商业环境下，"别人曾经选择过"能否成为我们选择的唯一理由？当然可以。**效仿他人是一种非常普遍的快速决策方式。企业战略、投资机会、度假目的地，无论在商界还是在生活中，人们都非常倾向于随大流。**

## 换言之……

　　亦步亦趋地追随他人是得不到完美答案的。可选择的方案浩瀚如海，无法评估（如"深蓝"）；信息不可用（如牧羊）；或者没有足够的时间（如扑克牌玩家）。做理性决策者的建议毫无用处。但是，如果只是竭尽所能去评估选项、收集信息、投入时间，这些并不能帮助决策者得出最理想的决定。我们总是需要主观的判断来决定何时停止寻找、开展行动。甚至我们的目标也并不是那样简单：它们纵横交错，具有偶然性。在意识到为达成目标必须做出哪些取舍之前，你不会知道自己真正想要的是什么。目标不是被宣布的，而是有待发现的。

## 这意味着……

☆ 你无法做出完美决策，一意孤行可能招致不好的效果。

☆ 总有不得不停止寻找、开始做决定的时刻。除了使用自己的判断力，你别无选择。

☆ 如果你的目标发生变化，不必讶异。目标从来都不简单，而且在决策的过程中，你可能会发现之前不明晰的目标。

☆ 设定一个绝对的、无条件的目标会引发冲突，并可能导致其他目标被忽视。

☆ 在全身心投入"最佳选项"之前，至少要已经见识过该领域的三分之一的样本。

## 经验法则

◆K　每一个决定都需要个人的判断。

♠9　目标的确定是一个发现的过程，而不是简单被宣布。

♥7　在选择最佳选项之前，先看过三分之一的选项。

◆2　你无法做出完美决策。

于每一个选择都涉及个人判断，而这一判断又取决于决策人的经历，所以完美的决定是无法企及的。本章关注判断力（即直觉）的来源，以及它们是如何从过往经历的情感冲击经验中得以提取的。无论直觉判断多么有效，当我们在使用别人的钱做决定时，它们都会造成问题。要证明这些决策的合理性，不能凭直觉，得靠逻辑分析。我以高级公共管理者叫停／开启互联网投资的策略为例，说明理性分析对决策的影响。

# 04
CHAPTER

第 4 章

## 我知道我是对的
## （却说不清为什么）

## 案例：汽车还是山羊

蒙提·霍尔（Monty Hall）是《做笔交易吧》（*Let's Make a Deal*）节目的主持人，该节目是美国最长寿的电视游戏节目之一，始于 20 世纪 60 年代初，坚持了 20 余年。他会向参赛选手发起一个被人称之为"蒙提·霍尔提问"的简单挑战，催生了学界大量的学术探讨文献。蒙提把三扇紧闭的门指给选手看，其中一扇门后有一辆车，其余两扇门后各有一头山羊，概率随机。然后，蒙提让选手选一扇门（当然，我们的假设是，选手想要汽车而不是山羊——因为我自己喜爱山羊，所以有必要指出这一重要细节）。当他们选定时（此时门依然紧闭），蒙提便打开剩下两扇门的其中一扇，展示其中一头羊。紧接着他让选手做出一个简单抉择："你是想换一扇门，还是坚持自己最初的选择？"

试想若你是《做笔交易吧》的参赛选手，你已经选定了一扇门，然后蒙提打开剩下两扇门之中的一扇，放出一头羊。现在的关键问题是：你是想要换另一扇门，还是坚守初心？这个概率问题再简单不过了。

如果你认为改变或坚持没有任何区别，因为"你得到这辆车的概率仍是 33%"，那么你的想法就同很多人一致。多数选手会坚持最初的选择。实验室里的问题重现表明，坚持初心的比率占 60%，有 40% 的人改变了心意。这很可惜，因为你赢得这辆车的机会减少了一半。若坚持第一选择，你赢得汽车的概率是 33%（最初选择的原始概率）。但若换成另一扇未开启的门，这一概率则变成了 66%。所以，如果你更喜欢汽车而不是山羊（与我不同），那么换成另一扇门显然是更好的策略。如果你无法证明这个答案的合理性（其实，无论对象是商界领军人物还是学生，我已经在很多场合提出了这个问题，并且每次都拿出了必要的证明），那么你可以换个方式来思考：设定三组门，三扇为一组，把车分别放在每组不同的门后（分别居左、居中、居右），这代表着游戏开始时的三种不同概率。但请记住，对于此阶段的选手而言，每扇门都是关闭的，他们并不知道山羊和汽车所在的位置（如图 4-1所示）。

图 4-1　设定三组门

现在，假设你是选手，而且你在三扇门之中选择了左手边那一扇（图 4-1 中方框加粗的一扇）。而我则扮演蒙提，将要"打开"剩下两扇背后有山羊的门中的一扇——我在已打开的门上画了叉。我应当补充一句，蒙提知道汽车在哪扇门后面，但他不会打开它，不会让你赢得汽车。因此，他总会打开背后是山羊的那一扇。你选择的左边的门依然紧闭。蒙提现在给你机会改选另一扇未开启的门（记住，你在找汽车）。你现在明白了，如果改选另一扇未开启的门，你的奖品从一头山羊变成一辆车的概率是 66%，而把汽车换成山羊的概率则只有 33%。但令人惊讶的是，即便当事人已被告知此问题，并且经过了反复试验，他们的进步也很有限，因为许多当事人还是选错了。这是怎么回事？我们怎么会被这样一个简单的问题弄糊涂？

## ➲ 跟着感觉走还是遵从规则

通过本能感觉到的答案与通过简单逻辑规则得出的答案常常相互矛盾，蒙提·霍尔提问只是其中之一。对大多数人来说，在蒙提·霍尔提问中出现了一个矛盾——"改选没区别"的直觉同"改选结果大不同"的简单逻辑之间的矛盾。即便在明白这层推理之后，仍有人不愿接受自己的第一直觉出了错这件事。我在一次晨会中把这个问题抛给了某国际公司的高级管理团队，并对改选策略背后的逻辑做出了解释。在午餐时，两位拥有商科教育背景的主管认为我错了，他们坚持要向我证明换扇门并不会改变概率。再多的逻辑分析也无法让这两位聪明人相信自己的第一直觉出了错。他们只知道自己是对的，错的人是我。

　　这些难题困扰着不同时期的哲学家和心理学家，最早甚至可以追溯到亚里士多德（Aristotle），令他们怀疑是否存在两种推理方式。我们会被自身经验构建的联系所引导，这有时被称为联想式或直觉式推理；也可以利用形式规则和逻辑来推理。直觉思维的基础是对个人经历的记忆。我们会把过去经历的方方面面同具体的、或好或坏的结果相联系。这种推理的直觉体系（或称为联想式推理）是自发的，存在于直觉、创造力和想象力之后。它是一只看不见的手，引导着我们的判断与偏见。相反，基于规则的推理系统则是通过符号、语言和形式逻辑系统来运行的。这是我们在解释、进行形式分析时所采用的，经过深思熟虑的推理。直觉式推理同基于规则的推理的区别如下。

### 直觉式推理

* 快捷——能立刻采取行动。

* 感性——建立在人的感性喜好之上。

* 基于经验——体现着过往经验的总和。

* 不言自明——你意识不到决策的过程。

&#9733; 需要特定环境——一个领域的直觉不能被转移到另一个
  领域。

### 理性推理

&#9733; 缓慢——需要时间做分析。

&#9733; 讲究逻辑——使用符号和逻辑演绎。

&#9733; 一个有意识的过程——我们清楚这一过程。

&#9733; 不需要特定环境——可以被运用于任何情况。

有证据表明，我们使用着两种推理系统。假如你给某人提出一个问题，这两种推理系统都会尝试找出解决方案。如果他们给出不同的答案，那么你便可以体会到一些人被蒙提·霍尔提问时的困惑了："改选没区别"的第一直觉同逻辑分析之间的矛盾。然而，我们对于直觉推理具有强烈的自信。即便蒙提·霍尔提问得到了理性解释，依然有人对直觉给出的答案深信不疑。

这两种推理系统之间并没有明确的区分，但是史蒂文·斯洛曼（Steven Sloman）提出了一则有趣的建议，对于惯于在机构内做决策的人来说，这一建议听起来很熟悉："联想式系统通常用于实现一个人的目标；以规则为基础的体系则长于确保一个人的结论得到认可。"在企业界，这直接意味着：我了解我们必须遵循的战略，在接下来的三个月，我要使用理性论据来获得实施该战略的权力（这令我们想起第 1 章提及的商业决策特点：要用别人的钱来做决策，就必须证明决策的正当性。当然，此处的正当性是指一个理性的、合乎逻辑的论证，可能与第 3 章中理想化的理性决策模型相类似）。斯洛曼还给出了一个简洁的经验法则，能够帮我们确定答案来自直觉式还是规则式推理："如果答案完全由联想系统产出，我们只会意识到计算的结果，而意识不到过程。"这些决定有许多众所周知的名字：预感、第六感、直觉，就是一种感觉正确却说不出原因的东西。

## ➲ 正当性与上市公司

由于常常用别人的钱做决策，所以我们不得不花费大量的时间，使用理性和逻辑推理来证明决策的正当性。我们的直觉可能具有扎实的依据，并且建立在多年的行业经验之上。但无论如何肯定，我们都必须创造出逻辑论证来支持这一直觉。上市公司在进行重大长期战略调整时可能会遇到特别的困难。决策辩护常态化，尤其是在面对财务业绩最初可能出现的恶化时，这可能会妨碍上市公司的重大长期投资。下文提到的事例是我在母婴线上社区网站的亲身经历。

### EMAP 错失线上战场

EMAP 是英国领先的媒体公司之一，拥有多本极富影响力的消费者杂志，其中包括领跑市场的母婴月刊《妈咪·宝贝》

（*Mother & Baby*）。2000 年 3 月，就在纳斯达克（NASDAQ）创出历史新高的一周后，EMAP 宣布将于未来三年投资 2.5 亿英镑用于线上开发。这个消息令股东满意，股价也应声而涨。仅仅八个月后，2000 年 11 月，随着泡沫的迅速破裂，EMAP 宣布将其三年的互联网投资缩减至 1.2 亿英镑，并且专注于少数几个核心品牌。股东们看好这一削减投资的承诺，彼时，自春季高点大幅下跌的股价再次做出积极的回应。两年后，其互联网开发的实际投资低至每年仅 1 100 万英镑。

以 EMAP 的雄厚资金、市场领先的品牌和广告客户关系，他们投资建设《妈咪·宝贝》网络版，对于羽翼未丰的 babyworld.co.uk 是一个严重威胁。然而，在 2000 年秋季，这项投资被取消了。2006 年，EMAP 确实腾出手来重启了《妈咪·宝贝》网站，但那时候 babyworld.co.uk 以及其他网站（私有的或私募股权资助的）已经主宰了流量和在线广告。事实上，没有一家领军的母婴和亲子杂志在网上确立主导地位。

EMAP 之所以错失这次机会，甚至许多其他互联网机遇，有其背后的原因，最主要的是其上市公司的身份。关于如何使用股东的钱，公司每年至少会向股东汇报两次。2000 年 3 月，正值互联网泡沫泛滥的时期，为互联网投资辩护很简单，市场领军品牌加上 2.5 亿英镑足以创造出网络品牌巨头，且有证据显示，其价值将达数 10 亿英镑。同年稍迟，随着互联网资产价值的暴跌，互联网广告与其他媒体相比仍相形见绌，此时再做逻辑辩护似乎没什么说服力。最合理的行动便是对承诺的投资进行削减，股东的想法定然如是，并且在消息公布时购买了该公司的股票。同其他人一样，EMAP 的管理团队充分认识到互联网的发展前景，以及它对 EMAP 传统商业模式的威胁。但是，在资产价值暴跌的背景下，长期投资战略说不过去。管理团队的直觉是正确的。

若以纳斯达克指数作为衡量技术和互联网资产价值的晴雨表，过去十几年的情况令人瞩目。如果忽略 1998 年末至 2003 年的大起大落不计，则十几年间其价值翻了 5 倍。但如今，随着互联网广告收入超越大量传统媒体，许多新兴的纯网络品牌也建立起来，过去几年一度低矮的入门门槛，如今已经被抬高了。与许多其他老牌媒体公司一样，由于未能让自有品牌转移到互联网上，EMAP 不得不为收购新公司付出昂贵的代价。2005 年 10 月，EMAP 以 1.4 亿英镑收购了时尚网站 WGSN，而这笔收购费用是预期利润的 20 倍。

## ● 私募股权与长期计划

过去十年，许多打造出成功互联网品牌的公司都得到了私人股本的支持。在说服股东继续投资方面，受私人股本支持的管理者遇到的困难是否不亚于其上市媒体集团的竞争对手？答案是否定的。

事实上，这一切都与现金承诺额的性质有关。投资私募股权公司就是对一个管理团队和一个行业进行长期押注。根据我的经验，投资者主要是律师（美国的情况）、会计师（英国的情况）以及交易结构和金融结构领域的专家。他们往往没什么实际管理经验。通常，他们会给手握商业计划的管理团队 3~5 年的支持。即便有了商业计划，管理团队也很少依计划进行。一年内取得的进展往往滞后于预期。但是，私人股本投资人的选择很有限，因为他们既没有时间，也没有经验去亲自经营公司。该公司的大部分投资将以长期贷款或股权的形式进行。很多时候，他们唯一的手段就是更换管理人员。他们也许对发展模式不满意，却也别无选择，只能在等待中盼望一切好起来。相较而言，在上市公司的管理结构中，新投资大都受经验丰富的管理人员监管，其管理能力已经得到了充分验证。他们每年商定投资预算，每月汇报业绩，还会交由总部审查。无论是对高级管理层、最大投资方，还是直接对股东，要说服他们追加投资，都需要正当理由。与受私人股本支持的企业不同，支出的许可可以立刻撤销。如果业绩不佳，这个方案就不能说服股东追加投资，于是，在挺过艰难的第一年后，该项目惨遭放弃。这是因为，几乎没有项目能完全按计划推进，大部分投资的业绩都会在某个阶段低于计划。受私人股本支持的方案没有退路，只能前进，但上市公司则可以选择放弃。最终的结果如何？四年后，该上市公司以极高的溢价收购了这家私募股权公司，还在股东面前夸夸其谈，称自己做了一笔伟大的前景投资。

　　我相信，在开发新市场方面，创业者之所以比大公司效率更高，这是其中一个原因。对于自筹资金的创业者或者拥有长期资金支持的经营者而言，无论理由是否充分，直觉都可以成为他们的指引。他们的直觉推理无须向任何人证明，这样一来，他们便具备了两个重要的优势：迅速的行动和长期的承诺。他们不需要为了获得批准而浪费太多的时间去证明决策的合理性，并且，如果业绩不如预期，已经得到的承诺也不会被撤销。为什么过去十几年间多么成功的互联网品牌都是由企业家通过私募股权融资创立的，而不是上市公司特许经营权的产物？我们可以在这两点区别中找到答案。

## ➲ 直觉的来源

　　我们应当如何对待直觉推理？在得出结论之前，我们有必要了解与此相关的这些联系是如何形成的。神经学家安东尼奥·达马西奥（Antonio Damasio）已经证明，我们的基本情绪反应在联想学习中发挥着核心作用。他相信我们的推理能力由更原始的动物自动情绪反应进化而来。因此，情绪反应与决策过程深深地交织在一起。达马西奥推测，情绪标签，亦即他口中的"躯体标记"与我们的经历有关。用情感联想有效地标记我们经历的各个方面，这些联想可以是正面的，也可以是负面的。决策时，我们以情绪标签为捷径，在记忆里搜寻相关经历，具有强烈情感联想的记忆会得到优先考虑。

这些标记的使用可以是显性的，激发出明确的预感；也可以是隐性的，在不知不觉中引导我们的行为。

达马西奥在其杰出著作《笛卡尔的错误》（*Descartes'Error*）中记述了自己关于人类利用情绪来标记经历的实验和思考。其中一个实验与扑克牌玩家和公司管理者所面临的风险尤其相关。他让志愿者（玩家）坐在四副牌前。该玩家得到一笔 2 000 美元的借款（玩资），目标是尽可能地多赢钱。在四副牌中，他可以任意选择其中一副，并将第一张牌翻过来比输赢。其中两副牌能赢些小钱，偶尔小输，但总体还是赢；另两副牌赢得更多，但偶尔也会输很多。他选取的实验对象既有正常人，也有因大脑遭受过特殊损伤而丧失情绪的神经系统障碍患者。其逻辑推理的智力和能力都正常，不过，就像影片《星际迷航》中的斯波克先生一样，他们无法体验情感。

达马西奥的报告显示，健全的正常人通常会以同样的方式打牌。他们会小心地测试每一副牌。一开始，他们会被赢钱多的牌所吸引。但在经过大约 30 次选择之后，他们学乖了，选择输钱不多、更为安全的牌。与之形成对比的是，大脑有损伤的患者一直被高风险牌所吸引，尽管他们时常输个精光，不得不再借钱。达马西奥的结论是：大脑损伤的被试无法为输钱多的两副牌贴上情绪标签。在一再重复的选牌决策中，由于之前的教训无法激发负面情绪，他们无法从这种标记中获得任何益处。用他的话来说，他们遭受着"对未来的短视"，无法通过经历提取经验。健全的玩家能够把几副牌同教训联系在一起，并迅速学会躲避。

基本的情感反应于学习、决策似乎很重要。格拉德威尔
（Gladwell）在其《眨眼》（*Blink*）一书中描述了同一实验的另一个版
本，其结果更加令人惊讶。这次实验请的玩家都是健全人，不同的
是，他们被连接到一个装置上，该装置能够检测其手掌汗腺的活动
情况。大约十张牌后，当他们要从一副高风险牌中选牌之前，其汗
腺比较活跃（这代表了焦虑）。不过，通常要在 40~50 张牌后，他们
才会意识到其中某几副牌与输钱之间的联系。在认识到情况不妙之
前，他们的潜意识早就感知到了这种联系，也就是说，早在他们明
确这一意识之前，大脑早已建立联系并影响行为了。

许多学者认为人类大脑具有若干不同的功能，这些功能起源于
人类进化史的不同部分：一切动物共有的，控制心跳、呼吸和其他
基本生理机能的原始大脑；一切哺乳动物共有的，控制情绪的大脑
边缘系统；以及灵长类动物用来推理和自我反省的认知大脑。也许
是受弗洛伊德的本我、自我和超我之间的冲突影响，人们普遍认为
人类决策是古老的动物本能和人类理性之间的斗争。我们认为，在
做决策时，情绪是需要被排除在外的东西。不受原始动物直觉妨碍
的纯粹理性被视为思维的最高境界。达马西奥的一个重要见解是，
这些不同的体系之间并无冲突。只有在情感与认知大脑共同协作的
情况下，人类的大脑才能正常工作。情绪反应对于推理具有重要作
用。如此看来，与《星际迷航》的编剧塑造的形象相反，斯波克将
会是一个非常糟糕的决策者。

但是，我必须强调一点，情绪这个词并非指情绪化。达马西奥

用情绪一词指代面对结果（或好或坏）的一种感受。而情绪化的决策方式则完全是另一回事。扑克牌玩家非常依赖直觉式学习（见后文），但他们却强烈警告人们，情绪化的决策方式不可取。这令我们联想到扑克牌用语"输急眼"，"急眼"一词是指丧失了正确决策所必需的平衡感。怒气或报复心令我们失去良好的判断能力。正如扑克牌专家所言，永远别在输急眼的时候做决定。巴甫洛夫的狗学会了把铃声和进食联系起来，我们也会学习把正面或负面的情绪同自身经历联系起来。被打上最激烈情绪反应标记的经历优先。这便是为什么，孩子只有在碰触到滚烫的炉子（激发了强烈情绪反应）之后，才会得到教训而不再去碰它。因为远离炉子的说教无法产生充分的情绪力量，所以很难改变未来的行为。某些教训的确无法从教科书中获取，必须在经验中学习。达马西奥理论还有两个重要的含义，我们将在本书的后文提及。其一，决策的好坏取决于经历的好坏。如果你的经历有限，如果你只经历过成功却没有遭遇过失败，那么，你学到的东西也是有限的。学习力的局限造就了糟糕的决策者。其二，当我们开始学习一件事同另一件事的联系时，很容易把事物随意联系在一起，认为一件事导致了另一件事。我们很快地注意到，幸运穿搭同签下大订单的强烈情绪嘉奖存在联系。在不知不觉中，我们的行为仿佛已经认定，只要穿着这套搭配，就能签到大订单。一丝单纯的关联很快被我们的头脑认定为因果关系。当一个玩家注意到，自己坐在某把椅子上的胜率更高时，他就会开始相信，自己之所以交好运，是因为坐在了那把椅子上。即便是最清醒的人也容易受这样的蒙蔽。N.N. 塔勒布（N.N.Taleb）是一位期权交易员，著有发人深省的《被偶然性欺骗》（*Fooled by Randomness*），他讲述了自己的经历：在经历了一个特别顺利的交易日之后，第二天早上，他竟然系着同一条有污迹的领带，让出租车司机把他送到前一天的十字路口。对此，他自己也很惊讶。我们发现，A 事件之后发生了 B 事件，用不了多久，我们就会思维跳跃地假设是 A 事件导致了 B 事件。倘若 A 事件是由我们自己发起的，我们对这一假设的态度就更为笃定。我们很容易就被蒙蔽双眼，自以为一切尽在掌握。

**直觉式学习是从经验中提炼的。它体现了我们对事件最基本的情绪反应，因而具有巨大的能量，足以推翻最简单、最直观的理性论证。**直觉式推理是我们日常判断背后的力量。我们要认识它的作用与偏差，这是成为一个更好的决策者的关键，我们将在后面的章节中重点讨论。

## 换言之……

　　我们有两种推理方式：一种是直觉式（联想式）的，另一种则是基于规则的。如果两种系统针对同一个问题共同工作，并得出不同的答案，我们就会体会到感觉和逻辑推理之间的冲突。当你使用别人的钱来做决定时（公司管理者的境遇大抵如此），常常需要基于规则的推理来证明决策的正当性（即便你的决策建立在经验和直觉的基础上）。上市公司总是不断向股东证明大型投资的合理性，只要出现一系列低于预期的结果，该项目就会被放弃。私募股权融资的长期性则可以加快决策速度，让风险企业度过低潮期。

　　我们与其他哺乳动物所共有的原始情感途径是直觉式推理的重要组成部分。如果把情绪从经验中剔除，我们就无法决策。我们的直觉式推理很强大，但却是建立在个人经历之上的。直觉的好坏直接与经验的质量相关。

## 这意味着……

☆ 留意头脑和情感的矛盾，想一想这些冲突源自何处。

☆ 不要在决策中摒除情感。你对某件事情或支持或反对的第六感有其存在的理由。

☆ 要明白，即便拥有充分的根据，有时候，你也必须用理性论证向股东（或其代表）证明你的直觉决策。尝试为自己（或你的员工）塑造威信，这样你便不必一直为自己的行为辩护。

☆ 书本知识和历史轶事（案例研究）皆有其价值，却不能代替个人经验——情绪越强烈，联系越紧密，学到的经验也便越深刻。

## 经验法则

- ◆Q 好的管理是一门有关良好判断力的艺术，这种判断的基础是经验。

- ♠Q 对于具备充分根据的直觉，不要浪费时间要求别人进行理性辩护。

在第 4 章，我们认识到了大脑会利用情感，赋予我们的经历以意义，即充分利用过往的学习来助力未来的选择。在第 3 章，我们认识到搜索可以是对替代方案和信息的无休止追求。在本章，我将探讨如何利用直觉判断来叫停对信息的无休止追求，并开始决策：选择我们喜欢的、认可的，或者足够好的选项。这些决策策略看似粗糙、有风险，但事实上，如果我们的判断与环境相适应，这些策略可能非常有效。倘若我们试图把在一个环境中学到的经验运用到不同的环境，就会出问题，这一点我们将在后文研究。

**05**

第 5 章

# 停止搜寻

## ➲ 决定停止的时机

在第 4 章，我介绍了达马西奥的研究，他的研究对象遭受了极其特殊的神经损伤，他们心智虽然健全，却没有情绪。这使得他们无法以情感的重要程度为依据来为经验排序，导致社交能力严重受限。他描述了一则既心酸又好笑的轶事：他提供了两个日期，让一名病患选择下次预约的日子。"在半个小时里，该病患分别列举了同意和反对这两个日期的理由：之前的预约、与其他预约的时间太近、可能的天气状况，以及你能考虑到的关于一个简单日期的一切事情……他领着我们浪费了很多时间——利益分析、无休止的叙述，无结果的选项比较，以及可能的后果。"达马西奥终于忍不住插话，叫停了这场没完没了的臆想。反思这件事，达马西奥确定，我们充满情感色彩的经历对决策能力起着重要作用："这一行为很好地说明了纯粹理性的局限性，也说明了缺乏自动决策机制所带来的不幸后果。"

决策可被视作一种搜索。如第 3 章所述，它有时是一种寻找目标的过程。通常是寻找备选选项，有时是寻找证据或结果，以方便我们在备选选项中拿定主意。如我们所见，叫停搜索的客观方法是不存在的。就像达马西奥的病人尝试评估两个日期一样，在理论上搜索是无穷尽的。对最优化的完美决定的搜寻永无尽头。在现实世界里，时间（即金钱）和信息都有限，决策永远不够精确。必须在某个阶段当机立断，停止搜索、开始决策。有时候，我们还没有意识到搜索的开始，它就已经结束了。即便搜索还没开始，潜意识里的直觉推理也能阻止它。还有些时候，停止搜寻的决定是多方复杂交涉的结果。**决策的艺术在某种程度上在于，知道何时该停止（或重新开始）搜索。**

## ⊃ 停止——我喜欢它

正如刚刚了解的那样，给过去的经历打上情感标签（"我喜欢它"或者"我不喜欢它"）可以形成一种停止搜寻的方法。在达马西奥的实验中，正常的志愿者在选牌的时候，因为记得之前不愉快的经历，不再从有风险的牌堆中选牌。其实避开这几副牌的决定是下意识的，大脑还没来得及意识到这种联系。在这种情况下，之前的不良体验迫使玩家通过避开这几副风险牌的方式来做出决定。强烈的积极联想能产生强大的潜意识效应。如果一个管理团队在向一家私募股权公司毛遂自荐时，碰巧向投资总监提到一个业绩杰出的前团队，即便这种提醒是偶然的、无意识的，投资总监也可能会直觉地认为这个团队值得支持。不过，如果联想到以前的失败经历，也可能会一早拒绝。

假如你能在记忆中找到相似的经历，并且对该经历有着强烈的积极情感关联，搜寻就会停止。假如这一关联足够强势，那么你的大脑永远也不会意识到还有其他选择（我们以为尚未开始，其实搜索已经结束）。"我喜欢它"成为最强势的停止规则之一。如果情感关联够强，再多的规则导向思考也无法推翻我们的直觉。这就是为什么，尽管我们从内心深处希望规避风险（我们将在第 13 章探讨这一观点），却争先恐后地买彩票（尤其在有累计头奖的时候）。人们买彩票不是因为它代表了理性博彩。英国国家彩票只用彩票销售额的 50% 作为奖金，因此，1 英镑彩票的预期价值只有 50 便士，这种博彩谈不上有什么吸引力。全世界的彩票运营商都知道，要吸引人们买彩票，就得有一笔大额头奖。事实上，头奖越大，卖出的彩票越多。在英国，奖金的 52% 流向头奖。诚然，赢得头奖的机会微乎其微，彩票的主办方卡梅洛特（Camelot）统计的结果是约 1 400 万分之一。即便如此，一想到赢得头奖，人们头脑中仍然会产生巨大的情感冲击。理性、讲规则的我们希望彩票能有 100 份头奖，每一份 5 万英镑，而不是一个 500 万英镑的头奖。但主办方知道，只有当奖金的额度达到足以改变人生时，其巨大的情感冲击力才会吸引更多人去买彩票。只要情感冲击力足够，人们对于中奖的概率便不再敏感。

自人类有贸易往来以来，用产品操控人的情感联想一直是营销的一个潜藏技巧。产品包装充斥着"情感标签"，这些标签和图像试图为产品创造正面情感联系。全新、天然、改良、98% 无脂肪听上去都很美好，容易让消费者产生好感，这种好感很强烈，足以令人停下脚步，不再寻找替代产品。同样，比起看起来空荡荡的大容器，我们更愿意看到同样分量的东西被满满当当地装在小容器里（比如冰激凌和爆米花）。这种满载的慷慨之感营造出正面联想，而空了一半的容器所关联的吝啬则令人心生鄙夷。

## ⊃ 停止——我认识它

　　简单识别是又一个被经常用于叫停搜索、开始决策的方法。如果不确定该作何选择，我们往往会选择自己认识的，忽略不认识的。这种方法听起来太油滑、不可靠，但我们每天都在重复使用。去超市买洗衣粉，我可以不遗余力地评估自己的目标：环境影响、要去除的污渍种类、清洗温度、材质类型以及价格。我能从包装袋背后得到技术信息和性能数据。或许，我可以在不同的标准之中找到平衡，做出完美的选择；或许，我也可以发扬一贯的作风，第一眼看过去，认识谁就选择谁。对于像买洗衣粉这样的小事，这种方式还可以，但肯定不适用于重要的商业决策。

　　试想这样的情形，你要任命团队中的一个新成员，选到最后，只剩下两个能力和经验不相上下的候选人，二人都有能力胜任。其中一位候选人之前受雇于一家上市公司，而另一位候选人则在一家你没听说过的私人企业工作过。大多数人都会选择在知名公司工作过的候选人。因为我们能识别这条提示，它便成为我们用于做区分的特征，成为我们停止搜索的理由。

　　使用简单识别作为决策提示，这是品牌营销的精华。20 世纪 80年代贝纳通（Benetton）的广告宣传就是一个非常引人注目的例子。他们的广告没有给出产品和公司信息，只是设计得博人眼球、富于记忆点。品牌的知名度迅速提升，贝纳通跻身世界五大品牌之列。品牌知名度是一切营销宣传的主要目的之一。这其中的逻辑是我们无法回避的：**如果我们认可一个品牌，便会认为这家公司的一系列优点都是站得住脚的。认得出就是一种偏爱。**

　　快餐和其他品牌店也用着同样的决策技巧。一个城市可能会有两家或更多的比萨店是你从未光顾的。在选择之前，我们可能会考虑各种各样的因素。也许我们会选择生意最兴隆的那一家——就像雌孔雀鱼以其他鱼的选择作为自己选择的标准。我们也可能基于自己对比萨店的经验，从这些备选店的描述中发现微妙的线索，例如，是否使用地道的意大利食材（此例是行家的决策方式，行家做决定靠的不是不同的技巧，他们已经形成了一套更复杂的分类法，能看到没经验的比萨食客看不到的区别）。餐馆、咖啡店、三明治店和其他许多商店的品牌连锁扩张共同证明了一个事实：我们用简单识别来指导自己做决定。然而，令人不安的是，也有研究证明，我们通常记不起自己认得品牌的原因是好是坏——只知道自己认得它而已。这似乎证实了我们关于没有所谓坏名声的直觉。**美名远扬或臭名昭著都能带来利益。**

## ➲ 快捷有效

　　到目前为止，我已经强调了我们使用了两种简单的决策方式——简单的情感联想和识别。这两个触发决策的方式似乎与理想理论模型相去甚远，因为后者要求我们收集并权衡每一个数据。也许你会据此认为，这两种方式荒唐可笑，是可能导致判断失误的危险心理把戏，需要被更为理性的方法替代。但事实并非如此。许多研究表明，快速而单一的决策（只评估一种因素的决策方法）极为有效，而且，在许多情况下，同系统衡量每一个因素的做法同样有效。这些单一的简单技巧之所以有用，是因为我们已经调整了自己的决策规则，使之反映环境。

也许一个简短的事例就能把这一点说清楚。

试想有两个世界，两个世界都生活着简单的生物。在第一个世界中，这些生物最喜欢的食物随机分布、易于发现；而对于生活在第二个世界里的生物而言，获得食物却极为不易，食物隐藏在看不见的地方，需要寻找，所幸这些食物往往靠近某种树木生长的地方。在第一个世界里，不需要什么觅食妙招，随便朝哪个方向走，都能找到些吃的；但在第二个世界里，如果知道食物聚集在某一特定树种周围，这便是一种优势，这种树木的存在就是食物存在的线索。"找到这种树便不用再继续找"的简单策略切实有效，因为环境便是这样构成的。正因为这是源于经验的有效法则，这些生物才学了乖。毫无疑问，这种觅食的"叫停法则"几乎从来都不是有意识的过程。它是一种本能，将"在树旁边停下来"与"找到食物的回报"关联在一起。假如互换到彼此的世界，两种生物都会挨饿，有些生物不知道这种树所代表的意义，其他生物在令它们联想到食物的树旁徒劳地寻找。这说明了，学习取决于环境。

让我们回到稍早的例子，即在两位候选人中择一胜任某个职位的问题。两者的能力和经历旗鼓相当，但其中一位曾受雇于某蓝筹股上市公司，而另一位则受雇于某家你没听说过的大型私人公司。你需要一个理由在二者间做出选择。你需要一个法则来叫停证据搜寻并做出决定。如果你选择了曾在你知道的公司就职的候选人，你就是在构建一个假设：你对该公司的认可有助于你区分问题的其他方面。尽管是下意识的，你却认为，在自己所处的环境中，来自知名公司的候选人比名不见经传的强。如果这是真的，这种决策策略将是有效的。这是真的吗？也许是。知名度较高的公司，其招聘程序、人才选拔和培训与发展项目可能更为严格。对于该公司的这些方面，其实你并不了解，于是，对于不了解的，你便以知名度替代了之。如果你用于决策的法则适应这一环境，即倘若规模更大、名气更响亮的公司真的具有这些优势，这将成功地帮助你对两位候选人进行区分。决策的停止法则取决于环境，需要在经验中获取。

如果品牌知名度同市场份额相关，则根据知名度从超市货架上选购洗衣粉的方式可能是有效的。于我而言，市场份额可能有帮助，因为对洗衣粉更为挑剔的其他人也选择了这个品牌。或许市场份额高意味着公司研发力度大，能够创造出更优秀的产品，从而赚取更多的利润；抑或，市场份额只是广告费的副产品，对我们的帮助并不大。但是，通过把注意力集中在一个因素上，我非常迅速地做出了简单的决定。我并非任意地选择了这一因素，而是经验使然。在我所熟悉的世界里，这对我极为有益。

识别显然不是完美的决策方法。然而，它却具备一个极大的优势，要求的信息量很少（这叫作精简或节约），因而非常快捷。当你让行家来做决定时，你可能会发现运用简单识别来叫停搜索有一个奇怪的副作用。假如你能认出所有的选项，那么就不能用它作为区分方法。要把识别作为叫停法则，需要某种程度上的"无知"。这在某种程度上解释了管理新人的"初生牛犊不怕虎"，以及经验丰富的老手的犹豫不决。**知道太多反而会妨碍决策。**

## ➲ 停止搜寻，"这已经足够好了"

在第 3 章中，我半真半假地描述了选择伴侣的 37% 法则。在已经遇到的 37% 的候选人之中选择第一个出现的最佳对象。奇怪的是，这让你有 37% 的机会找到最佳伴侣。然而，你往往不得不评估 74% 的候选人（这并不是最快捷、最经济的决策法则）。如果要加快决策进程呢？试想我们不再追求最佳伴侣，而是把伴侣标准降低到前 10 名，追求"足够好"而不是"最佳"。这样一来，你只需要测试样本中的 14%，就能有 83% 的机会找出前 10 的候选人。满足于前 25 名的人只需评估样本的 7%，就能有 92% 的机会达到目标。

无论是关于投资机会、扑克牌还是未来伴侣的抉择，每当我们必须在单独而非同时出现的选项中进行选择时，这种机制就会起作用。当机会出现时，你要逐一评估，决定是接受还是另待良机。盖瑞·克莱恩（Gary Klein）在《直觉的力量》（*The Power of Intuition*）

中描述了他对消防员和士兵顶着压力当机立断的研究。抱着找到一种理性决策模型的希望，他自一开始便惊讶地发现，他们并不是有意识地选择方案。他的消防员、士兵想出了一个单独的行动方案并加以执行。他们并没有寻找备选方案，更没有依照有意识的标准来评估备选方案。他们几乎是不假思索地选择了行动方案并加以实施。凭借经验，加之特殊训练的强化，他们内心已经形成了某种模式和顺序。他们能够下意识地从新环境中读取线索并"知道"行动方案。不必是最佳方案，足够好即可。他发现这些训练有素的专业人员在做出关键决策时靠的是直觉式推理。这种推理建立在经验之上，通过训练得以强化。克莱恩概述了心理模型（以世界运行方式的经验构建的心理模型）的重要性。消防员已经凭借经验针对某些火势构建出行动方式。经验和训练令他们学会识别线索，并立刻投入行动。

这也适用于管理者。丹尼尔·艾森伯格（Daniel Isenberg）研究了公司管理者的实际决策行为。他发现他们同克莱恩研究的消防员一样，并没有使用分析型决策程序，但确凿地使用了直觉来解决问题。他发现了管理者运用直觉的五种不同方式：

（1）意识到问题的存在（嗅到麻烦的气味）；

（2）迅速执行熟知的程序（照做便好）；

（3）整合不同的数据，创造性地识别意义模式（创造性）；

（4）用直觉检验逻辑分析（那不对劲）；

（5）绕过理性分析，直接得出合理的解决方式（这样行得通）；

　　直觉不是一种超越感官的新时代观念，它并不能把解决方案神秘地塞进我们的脑海。直觉只是我们塑造经验和记忆的方式，它为未来的行为提供快速有效的指导。它有效，是因为我们会调整自己的决策以适应特定环境。它是一套实用的、有充分根据的经历，当理论家的理论模型还在教导我们搜索、评估的时候，它已让我们做出决策。数十年来，管理者因为未能满足最优化的理性理想（这种观点仍是当今大多数经济理论的基础）而背负糟糕决策者的骂名。事实上，管理者一直在使用聪明、单一却有效的方式做出恰当的决策，因为他们适应了自己管理（和决策）的环境。

　　但是，要用最少的信息做出快速、精准的直觉决策是有代价的。在某些情况下，直觉会导致我们在判断中犯一些常见错误，如我们的偏见，我们可以有意识地尝试克服。但更为重要的是，我们的直觉是在一个特定环境中发展起来的。如果环境产生变化，或者，就像我们常常遇到的，必须在脱离获取该经验的环境下做出决定，又该以什么作为指导呢？我将在第 8 章专门讨论在熟悉的环境中做决定的风险——"在家附近做决策"；在第 9 章探讨在不熟悉的环境中做决策的方式——"离乡背井做决策"。但是，在此之前，我想再深入地讨论一下投资的逻辑以及扑克牌游戏的智慧。

**换言之……**

　　决策就是对备选方案、信息与目标的搜寻，而决策的艺术就在于判断停止搜寻的时机。直觉帮助我们叫停这场搜寻，即在我们"喜欢"其中一个备选方案或是"认出"它的时候，让我们停止搜寻。这些快速的决策策略之所以有效，是因为它们得到了发展并适应了环境。如果环境改变，这些法则也就不再有效。教科书仍然希望我们对一切选项进行理性分析，但是直觉推理也是良好决策的必要条件。我们需要接受"足够好"，而不是没完没了地寻找"最优化"。

## 这意味着……

☆ 当直觉叫停对备选方案的搜寻时，尝试认清情形。

☆ 学会提防营销信息中的积极联想与识别策略。

☆ 记住：接受"足够好"是比寻找"最佳"更好的策略。

☆ 不要害怕有充分根据的直觉，它是良好决策的必要部分。

## 经验法则

♦4　相信基于充分经验的直觉。

♦J　有时候，"足够好的决策"就是最好的决策。

♦2　你无法做出完美决策。

尽管管理学火力全开，但运气始终是决策的一部分。没有什么能关闭通向或然性的大门。本章将更深入地探讨经商和扑克牌在投资（资源分配）方面的对应关系。管理者被管理科学所承诺的确定性蒙住了双眼，但是，论及在不确定条件下做出投资决策，扑克牌玩家都是行家。尽管经商和玩扑克牌都可以运用理性的经济算法来评估投资（赌注），但基于第一手经验的直觉力量是玩扑克牌的精妙之处。公司管理者可以从扑克牌玩法中借鉴大量智慧。

**06**
CHAPTER

第 6 章

# 投资、风险与扑克牌

## 案例："我们有的只是品牌"

　　那是 1998 年初。在此之前的三年，美国的商业网站数量从 2 000 个一跃增至 400 000 个。全世界的企业家都在评估机遇，尝试在网络空间挖掘出自己的一席之地。诚如厄恩斯特·马姆斯顿（Ernst Malmsten）在其回忆录中所述："建好了，他们就会来……这就是 1998 年的美国人对待互联网的态度。"马姆斯顿的分析一开始聚焦于时尚零售业，他认为年轻人花费在该领域的钱远高于书籍和 CD，而且这个行业的品牌遍布全球，折扣有限，为零售商提供了良好的利润率。它的前景广阔，可以从零开始打造全球时尚零售网站。这一大胆的创业计划没有任何可以吸引投资的正常竞争优势。管理团队初出茅庐，缺乏行业经验。一切都得从头开始：网站及其开创性的 3D 立体产品图像、基础设施的实现，以及最关键的品牌。以欧洲人的角度来看，那时的互联网仍在起步阶段。在西班牙和意大利，当时家庭上网的比率低于 2%。在德国，56K 拨号上网 20 小时要花费 75 美元。但是，马姆斯顿及其团队却能够看到巨大的商机。最大的风险是行动不够迅速，被别人在这一价值几十亿美元的时尚行业抢占主导地位。马姆斯顿说得分明："归结到底就是，要从一开始就垄断市场，压倒竞争者。"负责筹措必要投资的顾问摩根大通（JP Morgan）明白此风险的本质。据马姆斯顿回忆，摩根大通的资深银行家萨米尔·索尔蒂（Samer Salty）把它视为："……一个'要么拥有一切，要么一无所有'的概念。如果行得通，这将是一个壮举。"但马姆斯顿生动地回忆起，当他们不得不承认，为了筹集尚不见踪影的 1 亿美元资金，该有限公司需要与摩根大通签订合同时，他们皱起了眉头："我们有的只是品牌。"

## ➲ 扑克牌的逻辑

自扑克牌游戏诞生以来，扑克牌玩家一直在评估下注的代价是否合理。扑克牌玩得好是技巧和运气的结合。短期内，运气能唬住所有人，但长期来看还是技巧制胜，技巧好的玩家才是终极赢家。在许多方面，扑克牌是商业决策的完美喻体。如果你从不玩扑克牌或者讨厌牌类游戏，也不用担心，因为除了简要描述的扑克牌基本原则之外，本章并不需要其他扑克牌知识。

在发牌之前，两位玩家（有时是所有玩家，取决于玩的是哪一种扑克牌种类）必须在底池中下一个押注（通常较小）。这些押注叫作盲注或者前注，实际上就是在发牌之前必须付出的代价，这是游戏的一部分。现在牌发完了，玩家们看着自己的牌，开始评估前景。发牌人左边的玩家要第一个做出决定。如果玩家认为自己的牌很差，可以弃牌（把牌还给发牌人，退出这手牌，同时输掉自己在发牌前所下的押注）。但是，假设第一位玩家喜欢自己的牌，并且放置 10

美元到底池里，那么位于其左边的其余玩家则有三种选择：

（1）弃牌（扔掉自己的牌），不再往底池里放更多的钱，并且输掉自己的所有押注；

（2）依样画葫芦地放 10 美元在底池里（在扑克牌游戏中叫作"跟注"），跟注的他们依然留在这手牌里，仍有机会赢得底池；

（3）跟 10 美元并额外投入（打比方）10 美元来"加注"（字面意思就是"抬高注金"），现在注金被抬高了，所有玩家只能基于 20 美元进行跟注、弃牌或者加注。

如果所有人都弃牌或者跟注到最后，就得交换手牌或亮牌，并开始新一轮下注。下注的轮数有 2~5 轮，取决于牌的具体种类。如果其他人都弃牌了，左边的最后一位玩家将赢得所有押注（底池）；如果在最后一轮还有两位或以上的玩家互相跟注，牌最好的玩家将赢得底池（玩家亮牌叫作摊牌）。在这里，游戏的确切程序、手牌的相对重要性（"满堂彩"或者"四条"等）以及"诈牌"的微妙都不重要。重要的是每位玩家都要一直做决定，也许在单手牌中多达二十次。这种决定总是面临着同样的三种可能性：应该弃牌吗？应该跟注继续玩吗？应该加注吗？道理再简单不过了。

今天的顶级玩家可以在数不清的国际比赛中赢得数百万美元，成千上万的职业或半职业玩家通过这种比赛过着体面的日子。当然，最顶尖的选手也不会比别人拿到更好的牌，同其他人一样，他们也经常拿到那些令人沮丧的小对子和连不上的牌。四张同花牌和顺子困死在手上也是常事，这些都是由概率来决定的。那么，顶尖高手是如何频频赢得世界冠军和数百万美元的呢？

顶级扑克牌玩家在这两件事情上胜于常人：

（1）牌不好的时候输钱较少，即不会把一笔一笔的小额赌注浪费在胜算渺茫的烂牌上；

（2）牌好的时候赢钱较多，即在拥有一手好牌的时候，他们敢于挑战更多风险去赢得更多的钱。

**诚然，诈牌、心理战和不动声色很重要，但这些都只是优秀玩家铠甲上的武器，确保他们能最大限度地从好牌中获取优势，或者在大家牌都不好的时候占上风。这当然也适用于商业。**

## ➲ 商业的逻辑

非常明显，这与商业决策存在相似之处。商业决策是有关资源（人员、时间和金钱）部署的决定。为了达到理想的结果，公司管理者总是在评估资源是否得到了恰当的部署。同扑克牌玩家一样，商业管理者总是面临着三种基本选择：

（1）放弃（谢绝一项投资机会或者叫停现有投资）；

（2）继续玩（继续投资）；

（3）加注（开启一项新的投资或提高正在进行的项目投资比率）。

顶尖的企业家不会把时间和金钱浪费在前景较小的项目上，但他们确实会充分利用前景最好的项目，并且拼尽全力把它们做成功。这意味着，就像顶尖扑克牌玩家一样，我们不应该把时间（或金钱）浪费在毫无潜力的事物之上，而应该把一切都赌在那些拥有最大优势的商品或市场上。因为，它们并不常见。

所以，管理者的任务是在三个选项中选择其一，就这么简单。这使得管理同打扑克牌一样直观。何必小题大做？所有管理者都要在这三个选项中做出选择。无论你是否意识到，你每天都在做与投资相类似的决策。月底为部门发放工资，这说来也许不像投资决策，但是发放每个月的工资就是一个有关部署资源的决策。其实，你就是在跟注，继续使用之前的押注来投资。当我们迷失在管理学文献的森林里时，最好的做法就是回归基本，清醒地直面管理决策那赤裸而残酷的逻辑（这也是最新的趋势）。扑克牌的基本逻辑就是商业的基本逻辑。当然，在激烈的竞争中，事情永远没那么简单。如果你已经为一个新产品的退出投入了 18 个月的时间，那么你很难后退着承认：考虑到客户需求变化和竞争对手活动这些新消息，现在放弃可能是最好的选择。同样，在经历过三四轮押注和加注后，扑克牌玩家也很不愿意承认自己手上的一对 A 已很难赢得底池了。原本有希望的牌却无法帮其赢得比赛，所以已有 500 美元在底池里不能成为再次小额跟注的理由。

## ○ 押注和投资的简单运算

同所有决策者一样，扑克牌玩家会使用直觉或基于规则的方法来决定是否下注。本章稍后将讨论直觉式决策的更多细节。首先，我将介绍扑克牌玩家可能使用的、简单的、基于规则的推理。

如果我问你愿不愿意花 10 美元换取赢得 50 美元的 50% 的机会，你可能会接受这个赌注。预期的奖金是 25 美元（奖金的价值乘以获得奖金的机会）。代价是 10 美元。预期奖金比代价高得多，看起来非常值得一赌。事实上，这种打赌的心理并不像乍看之下这样简单。诺贝尔奖得主、经济学家保罗·萨缪尔森（Paul Samuelson）从前时常让自己的学生掷硬币打赌：正面赢 200 美元；反面输 100 美元。即便奖金很高，但人们一般都会拒绝。算法是一个简单的三角形，由代价、成功的概率和奖金构成，我们后面再具体探讨这些。

扑克牌玩家也能够使用同样基于规则的逻辑，但有一个巨大的区别。在你押注的那一刻，没有什么是确定的。你不知道玩这手牌的代价是多少。现有的跟注代价是 10 美元，但其他玩家可能会加注。下一张牌的代价是什么？你无法确定（打赌的代价是不确定的）。更糟糕的是，概率也不固定（除了在罕见的幸运情况下，你有 100% 的把握确知自己手握最好的牌——用扑克牌的行话来说，你拿着"螺帽"）。但是，每隔一段时间，你必须做出判断：最终以最大手牌结束这场牌局的概率有多大？我会看着自己手里的牌，根据自己的观察，评估对手打牌的方式。我会了解各种各样手牌出现的相对频率，并加以利用。这是一个基于不完整信息的判断。非常重要的一点是，你并不知道最终底池的价值（牌最大者获得的奖金）。还有一种判断也很必要。不仅要判断底池现在有多少钱，还要判断结束时里面会有多少钱。这一点当然很重要。跟注 100 美元换取赢得 1 000 美元的机会，与跟注 100 美元但奖金只有 400 美元，二者是迥然不同的命题。但是，扑克牌的精髓，即其区别于其他赌博游戏（大部分存在固定的概率、已知的准入成本或明明白白的奖金数量）的标志在于，你不得不就这三个变量进行判断：下注的成本、成功的概率以及最终的奖金。没有什么是确知无疑的。没有消除疑虑和稳赢不输的方法。判断力就是一切，扑克牌如此，商界亦然。

投资从来没有准确的价格标签可量化。就企业收购而言，购买一家公司 100% 的股份所需要的成本将经过明确的商定。然而，这项投资的实际成本并不确定：预算外的头一年亏损需要资金支持；预期外的资产成本可能变得至关重要；对收购业务的冲击或许估计不足。显然，成功的概率总是取决于判断力。我们能够成功整合被收购的公司吗？我们能留住关键人员及其技术吗？被收购公司的现金流预测是否现实？查看类似交易的历史成功率是没有意义的。你也许很清醒地意识到大部分收购不会为股东创造出长期价值，但是，这次收购是不成功的大多数，还是提升价值的少数？最后，在很大程度上，长期利益并不确定。价值净增取决于市场的诸多未知因素：新的市场闯入者、消费者价格压力、技术变化、投入成本的增加……这一切都可能发生变化，凡此种种，必将影响最终回报。

但是，同扑克牌玩家一样，公司管理者不得不做出判断。这种判断建立在同样的概率三角之上，而且它并不是一次性或突然的判断，也并非对是与非的简单决定。每当不得不跟注或加注的时候，扑克牌玩家也要做出同样的概率判断。玩第一手牌的决定也许并不昂贵，其他玩家或下注或弃牌，会有更多的牌被亮出来。下一轮下注需要进一步的投资决策，这时要用到关于成本、获胜概率以及收益这三个概率判断的新信息。一开始下注也许是正确的决定，但现在，随着新信息的明朗化，叫停投资也是对的。商业决策的结构也一样。在推出新产品之前做些初步的市场调查报告并不昂贵，也是必要的第一步。接下来的步骤是转移研发资源，或者将业绩顶尖的业务经理调离赚钱的市场，这些都会增加成本，不过初步的研究报告或许能证明其合理性。最终的决定也许会耗费数百万，并且转移整个公司的资源。在每一个步骤，公司管理者都会评估额外投资的成本、成功的概率以及可能的收益。早期的投资是必要成本，能让管理者最终对投资决策做出明智的决定。

请记住，顶级扑克牌玩家赢得更多钱的一个方法是：不为烂牌输钱。第一轮下注可能很便宜，也许 10 美元就能看到后面的牌，但是存在两种风险。其一，如果每一手牌投入 10 美元，甚至连那些赢面极其渺茫的也不例外，那么你的筹码很快就会用光。其二，把一手平庸的牌勉力支撑到最后几轮，代价可能非常昂贵。你总会禁不住地想："哎呀，我都坚持这么久了。"记住，每一次下注的理由都应该是赢得底池的钱。同样，每一笔支出都应该以获得更多回报为目标。

最后谈谈企业的日常开支。扑克牌要求在进入牌局前必须进行小额押注——这叫"前注"或"盲注"（在看牌之前闭着眼睛押注）。在扑克牌中，这是进入一手牌的成本，防止人们反复弃牌，使他们只在牌好的时候下注。如果你是过于谨慎的玩家，这些盲注最终会花光你的筹码。我把日常开支看作公司的盲注。经商一定会产生成本。无论有没有产品或市场投资，日常开销是必须逐月支付的。用于这些盲注的钱越多，用于高回报率投资的钱就越少。日常开支是经商的必需开支，但是你有权让它越低越好。你需要把钱节省下来，投到有回报的地方。有些日常开支只是尚未取消的老项目：五年前开设的区域办公室，原本是为了提升销量，如今只能算作日常开支；只有在提高客户保留率的基础上才有存在必要的客户支援团队……类似的例子还有好几十个。它们究竟是依然有效的投资（值得继续跟注或加注），还是构成日常开销的一部分？

## ⊃ 财务模型、决策及常识

我对扑克牌的简单综述，也许会给人这样一种印象：扑克牌玩家就像计算机器，他们的脑海中盘旋着各种可能性和概率。但事实上，扑克牌玩家在大多数时候靠的是直觉—— 一种建立在经验基础之上的对前景的"感觉"。计算已经成为一种本能，只有在很偶然的情况下，经验丰富的玩家才会求助算数来评估复杂的情形。优秀的扑克牌玩家所做的事，恰恰就是被管理学理论家大加鞭挞的管理者的那些事例。他们只专注于几个主要方面，并没有对每一个选项都加以计算；他们使用的是可能性这类宽泛的概念，而不是精确的数学计算。久经沙场的玩家会对风险与回报之间的关系形成敏锐的本能理解。但是，我却一再地遇到这样一些公司管理者、经营公司多年的资深人士和 MBA 学生，他们似乎对自己手上的投资提案（推出新产品也好，收购或创业也罢）缺乏本能的感觉。他们能回答有关法律文件的每一个问题，确切地知道运行方面的处理方法，但却缺乏对数字的"感觉"。如果你问他们一个财务问题，他们会打开 Excel，并在被加载的数秒里沉默，之后你会得到财务计划中 10 000 个数字里的 1 个作为回答。这很像英国的一个名为《龙潭虎穴》（*Dragon's Den*）的电视节目（主题是企业家争取天使投资），在这档节目中，企业的"负责人"会被问到一个财务问题，他们通常会一脸茫然，接下来，要么开始翻找财务模型，要么找"管数据的人"来回答。很多时候，我将其归咎于电子表格的超能力，因为它们能以惊人的速度和灵活性完成这样复杂的分析！ 商务经理把重要投资的财务评估完全外包给财务公司，这样的公司不胜枚举。表面看来，这似乎是明智之举：首席财务官有强大的建模能力和充足的经验，能用 3 兆字节的细节为这一投资建模。可问题在于，产品经理、首席执行官、董事会（所有推动这一商业案例投资的人）都将经常以此为借口，不参与这一基本的风险与回报关系。

受资深扑克牌玩家启发，我坚持认为商务管理者需要深刻理解三个最重要的数据：投入的筹码总数、对成功概率和附带事件的感觉以及可能得到的收益。对这三个数据，我们确实值得写下来粗略的计算过程。没错，电子表格有其作用，我也无意抨击财务部门。电子表格的强项是合计简单的东西（通常是成本）。这些可以用非常详尽的表格列出。但无论建模如何精密，无论是精确到小数点后两位的回收期还是中期投入利率，答案都不会比最不靠谱的估算准确。对于新企业，我认为销售预测达到实际销售水平 30% 的准确率就算成功。同样，长期创造的价值也可能是正或负 100%。但是，由于财务部门正在建模，那些深谙商业风险的人便把它当成一个任务来敷衍，这不过是授权过程中的又一个勾选框罢了。读到这里，你兴许会想起我稍早讨论过的，当你用别人的钱来做投资时，由于必须证明其合理性，不得不使用基于规则和逻辑的决策方法。财务建模太容易成为选择"已选选项"的理由。就这三个数据来说，本能的直觉是无可取代的。

## ➡ 直觉式决策的艺术

到目前为止，我已经讨论了玩扑克牌（和商业）的逻辑，以及我们在玩扑克牌时使用的基于理性规则的方法。基于规则的期望值和概率评估尤其适用于扑克牌，因为，尽管手牌的结果随机（取决于发牌的偶然性），但是把对子变成三张同样的牌，或者对家手握两张 A 的概率都是已知的。在商界，可以运用同样的投资算法，只是没有已知的概率。也许你会使用基于规则和逻辑的方式评估投资的预期价值，但是，你填入电子表格的概率却建立在个人判断的基础上，取决于个人经历。

然而，尽管预期价值的逻辑对玩扑克牌有帮助，但它并不是大部分玩家常用的决策方式。大部分玩家使用直觉，即经数千手牌积累形成的联想式推理进行快速决策。在一场又一场的下注中，他们不会坐在那里，仔细计算每一次下注的变化概率和预期价值。他们会时不时地停下来心算，确保自己没被误导。但是，新手也好，行家也罢，他们所做的绝大部分决定都是直觉式决定。扑克牌玩家的敏锐直觉是如何形成的呢？熟能生巧！尽可能地多玩牌，就能通过反馈来提升直觉的准确性。此外，互联网也为新一代扑克牌玩家提供了途径，令他们以史无前例的速度成长起来。德斯·威尔逊（Des Wilson）讲述了与近期赢得曼岛电视扑克牌百万锦标赛的约翰·杜西（John Duthie）的一次对话。关于互联网时代的新生扑克牌选手，约翰指出："……大多数职业选手要穷尽一生去积累的扑克牌经验，他们在三年内就完成了……昨天我跟一个拥有百万次网战记录的人交谈，这个孩子只有二十二三岁，但他做的事情可不得了，在网上，他曾一次玩八手牌。"要想同时玩八手牌，是没有时间评估概率和计算预期价值的。你依赖的是经验和反馈的速成课程，是对不同情况可能带来的结果的感觉，是对何时该弃牌或加注的本能。在百万次经验的加持之下，你可以本能地了解这种游戏的频率。这些频率都是你的亲身经历，而不是抽象的数学概率。

## ➲ 蒙特卡罗模拟

在 N.N. 塔勒布的著作《被偶然性欺骗》一书中，他使用了蒙特卡罗模拟（The Monte Carlo Simulation）背后的原理来帮助读者理解证券交易的策略。

蒙特卡罗模拟是一种能够产生数百万"选项历史"的电脑程序，这些历史因随机产生的一系列结果而产生分歧。作为例证（这便是所谓的论证），你可以在计算机上模拟一个轮盘赌的随机旋转，这一模拟与真正的轮盘赌一样，丝毫没有误差。在这虚拟轮盘赌一次又一次地运转中，你会发现未来可能的路径。当然，在现实中，只有一条路径会成为历史，但蒙特卡罗模拟令你看到随机旋转序列可以生成不同的替代路径。每条路径都有不同的迂回曲折。在 1 000 次旋转后，你不仅会得到预期的结果分布，还能得到达到同一目标的不同路径的所有样本。每分钟可以生成数百万样本路径。塔勒布描述了自己是如何因为某一特定模拟的运行而成为期权交易员的经过的。他创建了一项程序来研究不同证券交易策略如何在不同的市场条件下长期繁荣。他为"愚蠢的牛市""冲动的熊市"以及"谨慎的交易者"的总人数模拟出替代历史。"我的模型显示，最后几乎没有幸存者；音乐停止时，熊市暴跌，牛市最终遭到屠宰……"但他注意到，有一种交易员的存活率更高，那便是"能购买崩盘保险"的期权交易员。于是，塔勒布便做了期权交易员。

蒙特卡罗模拟的替代路径能加速学习，它甚至比同时玩八场扑克牌游戏更能提速。它构建起一种本能感觉，令人感知随机事件如何导致不同结果的分布。通过一晚的轮盘赌旋转，你就能理解不同历史的模式，如果坐在赌桌上，这可能需要大量金钱、大半辈子才能达到。或者，你也可以运行几分钟蒙特卡罗模拟，你会发现，长期看来，通向收益的路径凤毛麟角。事实上，使用英式一个 0 的轮盘赌轮（美式有两个），你在赌场上赢得一栋房屋的概率最大，打个比方，按 2∶1 的投注方式，所有红色数字的赢钱概率是 48.6%（即18/37，红色 18，黑色 18 和 0）。尽管玩的时间够长，但你的钱永远在缓慢流失。

## ⬮ 尽可能多地积累经验

直觉式决策的艺术在于尽可能多地积累经验；尽可能多地获得你所做决定的结果的反馈。无论使用何种方法，直觉式决策者都能感觉到运气对其决定的影响。正如我们看到的，运气总是在起作用。没有什么事情是确定无疑的。但是，假如在赌博时，99% 的概率是赢，然而有 1% 的概率会输得很惨，那么，时间久了，就会陷入困局：在赢了50场之后，人们开始自认所向披靡，当然之后就会跌得更重。就像塔勒布描述的那些遭遇崩盘的牛市交易者一样，简直不敢相信自己走了背字，他们拒绝承认。要理解栽跟头的必然性，就得有足够长的游戏经验，见识过类似情况的发生（这便是"要在股票市场上赚钱，你只需要一个牛市和一个健忘的脑袋"这句话所蕴含的智慧）。或者，如果你没有长达20年的经验，你就得尽量去理解不同的历史分布情况。这样你便不会感到惊讶，甚至可能做好准备，或者，你还会像塔布勒一样，采取最有可能让自己长期立于不败之地的策略。

正如我们已经看到的，达马西奥的躯体标记理论指出，情感意义较强的记忆优先。这也许会令我们对自身经验的均衡评估产生偏差。几场大胜仗营造出的积极联想似乎比一系列小败仗强烈（我将在后文详细讨论输赢的不对称性）。这意味着玩家们时常曲解自己的胜率。不少玩家认为自己在总体上是赢家（几场大胜仗的作用使然），但实际算下来他们却是输家。我曾与一家为小型独立连锁投注店开发后台软件的公司密切合作，我有这方面的第一手经验。他们可以根据玩家的长期回报率对其账户进行分类。这些比率惊人地一致；本季度的输家在下一季度还是输家。他们据此对顾客进行分类，把其中一类称为"差不多先生"（几乎都是男性）。他们赢过几场大的，但总体来说，一连串的败仗令他们输了些钱。然而，这些"差不多先生"自认是赢家，并且以深谙此道为傲（而真正的内行每个月都有回报）。

## ➲ 记录你的表现

有一种非常简单却很少被用于实践的方法能避免这种错误，那就是把你的表现记录下来。凭借自己的记忆来判断回报率并不可靠。几场大胜仗会掩盖掉许多次小败仗。这么多次的小败仗，尽管在情感上形成不了多少波澜，时间一长，叠加起来的数字却甚于几场记忆深刻的胜仗。许多专业的扑克牌玩家都有这样的经验，认真记录每一场的总体表现，记录较大的输赢。只有在客观回顾自身表现的时候，你才能知道自己是不是"差不多先生"。

### 一则出版业的事例

图书出版行业的投资与风险模式同扑克牌十分相似，小额赌注（相比总体财富而言）居多，且大部分回报取决于少量的大收益和大量的小亏损（顺便说一句，私募股权行业也是如此）。如今，我所合作的这家小出版公司每年都出版约一百本新书。在全球市场上，这相当于一百个小额赌注，每一个的价值大概是 5 000 英镑（股票卖出的成本）。就像打一晚上扑克牌，一百本书里会有几本销量极佳，获得巨大回报（高出最初的成本 10 倍之多），很多书的销量差强人意，还有一些书会赔钱，连最初成本也收不回来。但我们可能要等上一年多才能知道这场赌博是输还是赢。这一反馈周期极长。大获成功的书籍吸引了大部分注意力。在过后的一两年里，我们需要有意识地冷静审视每一笔赌注，才能知晓自己在这场游戏中的表现如何，算得上优秀的出版公司，还是"差不多先生"？

　　这令我想起自己在出版行业从事第一份工作时遇到的一则轶事。一家享有盛誉的国际审计公司在该财年结束时对账目进行了审计。他们进行了几项简单的分析，然后吃惊地发现，去年出版了约 70 本图书，但公司获得的总利润只等于前六本销量最好的图书的利润。"这是为什么？"他们问道，"难道我们出版其他的图书只是在浪费钱？"我们不可能事先知道哪六本图书会成为大赢家，但这个条件被他们直接无视了。对于一位以牛顿式科学思维来断言商业世界可以预测的审计师（我有资格批评，因为我曾做过一年审计师）来说，这似乎是我们的疏忽。当然，他们相信，信息就在那里，假如我们知道该到哪里去找，一定会一早就发现苗头。在他们的世界里，预测如同解释一样简单——我们早该知道。

## ⊃ 管理者不赌博

　　假如你询问管理者对自己所做之事的理解，你会得到一些令人惊讶的回答。他们不认为管理是一场赌博，尽管风险承担和赌博之间的区别也许只在于使用的词汇能否令人接受，也就是说，话说得好不好听。正如一位管理者所言："社会推崇风险承担，却不推崇赌博，并且赌博的含义是结果很糟糕的风险承担。"但接受过采访的管理者们有一个重要的观点。他们不认为自己接受了固定概率的赌博并只是坐在那里等结果，因为管理不同于满怀希望地在转盘下注。他们做出了承诺，接受了风险，但接下来，优秀的管理者会竭尽全力降低风险。一旦接受了风险，就得控制它。决策不是孤立的、一次性的、孤注一掷的事件，它们是一系列有关未来塑造的相关决定。尽管管理者拥有风险与回报的计算方法，但他们使用的一般化方法与经验丰富的扑克牌玩家是一样的。管理者迅速放弃低概率事件，把注意力集中在几项概率高的设想上。他们也不会利用概率去评估和预计产量，以层层筛选备选项目，只留下一个数字（如净现值）。其实，管理者同扑克牌玩家的共同点很多，甚至超出了他们自己的想象。

## ➲ 互联网的疯狂与投资逻辑

扑克牌玩家的概率三角是否适用于商业投资决策评估？来看看我的商业生涯中最奇怪的一个时期吧：在世纪之交的技术，尤其是互联网投资领域，群体性疯狂占据了主导地位。早年，我曾成功创办过一家互联网公司，这是一个以新手父母和准父母为对象的社区和电子商务网站。1998 年夏，我成功为公司筹集到资金。彼时，尽管互联网在美国正繁荣爆发，但在英国还处于起步阶段。Freeserve 尚未推出免费拨号上网服务，互联网的使用率很低，电子商务不被信任且影响力极小。在 1998 年夏末，开始这场冒险前的种种顾虑仍历历在目，我即将投入的可是自己的大半身家和未来数年的职业生涯啊！我尝试着把这些顾虑和判断分为三类：大概的成本、成功的概率以及大概的收益。成本不仅仅是我所有的资金，还可能包括无法在出版公司升职的机会成本，而且，三十四五岁的我，还面临着因一次创业失败而一蹶不振的极大可能性。创业成功的概率非常复杂，无法确切计算。我不怀疑互联网未来作为一种通信和商业媒介的重要性，但我既没有亲子市场的出版经验，又不了解孕婴用品行业。我还担心远东地区出现的金融危机（见第 1 章），担心全球消费衰退可能削减在线广告和电子商务的潜力。公司的收益潜能反而是我最不担心的。英国企业已经开始抢地盘（在美国早已全面铺开），你不必从自己的互联网公司赚取利润，只要你的部分互联网前沿拥有强大的品牌和忠实的用户便足够（现金会流动起来）。一直令我不安的是时机。我明白互联网将会改变世界，但现在这笔投资是否选对了时机？倘若过早，在线上广告和电子商务足够支付日常开支之前，我们就会耗尽现金。倘若过迟，则竞争者众多（尤其是那些发行销量好、名气大的亲子读物的杂志出版商）。在我看来，他们的在线亲子网站能够大获成功，因为他们具备一切竞争优势：了解读者、编辑专业、广告关系良好，而且杂志内页还可以免费交叉推广。

大部分纸媒（报纸、消费者及企业对企业杂志）不能实施有效和一贯的投资策略，在我看来，这是在这个光怪陆离的时代里，很少被人论及的最典型的糟糕投资决策。投资和失败的事例人尽皆知，但因为没有投资而丧失的机会却很难被人们看到。只有我坚称，你可以发现这些错过的机会。每一个在过去五年中取得了一定突破的新生在线媒体品牌，都是纸媒管理团队未能利用其竞争优势的标记。

## 再看"我们有的只是品牌"

我以 boo.com 的故事开启本章，我会接着把这个故事讲完。1998 年 7 月，摩根大通答应帮 boo.com 筹集 1 亿美元，计划在 1999 年 5 月上市，并定于 6 个月后首次公开募股。实际筹得的约 1 亿美元资金，在接下来的 18 个月里被花了出去（我一直很好奇，在一个非资本密集的行业中，必须在 18 个月内花掉 1 亿美元，这需要多大的管理强度）。由于要在 18 个国家同时上市，并且要求具备消费者同步在线的能力（事实证明，没有必要），技术问题便无法回避。要在整个欧洲和北美洲同步推出一个网站，以不同语言售卖 4 000 种购自好几十位供货商的不同产品线，物流和管理的问题太过复杂。这个网站的实际推出是在 6 个月之后，也就是 1999 年 11 月。但当事人们的预期仍然乐观：到 2000 年 1 月的预期销售额是 1 亿美元，2003 年 4 月达到 13.5 亿美元，后一时期的销售额得到了 1 亿美元营销预算的提振。

初期的交易业绩令人失望。不过，尽管技术上的小故障不断，但到了 2000 年 5 月，每月销售总额已攀升至 50 万美元。可是，在 2000 年第一季度末，世界发生了变化。自从纳斯达克在 3 月 10 日达到高点，互联网泡沫就一直在萎缩。boo.com

在亏损，连续数轮的裁员和成本削减也没能及时填补其现金漏洞。计划中的首次公开募股（最初是在年销售额达到500万美元时的计划，正好在2000年5月达到）泡汤了。面对新一轮融资，为这场冒险提供资金支持的股东必须做出最后的决定：是要跟注，还是拒绝。再投入2亿美元也许能为公司争取到其需要的时间（在日常开支大幅缩减的前提下）。但最终只得到1.2亿美元的承诺，于是，在2000年5月18日，网站关闭，公司进入清算。

公司惨遭滑铁卢，仅仅是因为资本市场的入口在错误的时机被关闭吗？还是互联网时代的典型失败——一个大欲难尝的故事？究竟是出于何种原因，使得这些以冷静著称的投资老手在1999年末向价值3.75亿美元的公司投资数千万？要知道，彼时的这家公司连一毛钱的收益都没有。

说到这里，扑克牌玩家的概率三角能派上用场了。在1999年和2000年，许多不同市场的互联网先驱的身家一度达到几十亿美元。1999年12月初，亚马逊网的市值是320亿美元。谋定而后动的上市公司专业投资者正在评估亏损的互联网巨头（例如，当时的亚马逊网，不仅净利率在亏损，毛利率亦然）。如果这些估值是正确的，那么，在新兴互联网市场，任何受到维护的公司都有价值数十亿美元的潜力。

据估算，创建网站、树立品牌的成本约为1亿美元，而成功的回报可能是天文数字。比如，6~12 个月内达到 10~20 亿美元（这就是 2000 年初预期的首次公开募股价值），这一回报是融资前估值的 3~6 倍。有一个数字似乎很难评估，那就是从大胆的愿景转变为占据主导地位的市场份额和正现金流的概率。然而，假如回报足够大，似乎也值得赌一把碰碰运气（但请参见第 7 章第五条经验法则）。如果能在 6 个月内获得一家市值 10~20 亿美元的独立上市公司，那么，对于 boo.com 而言，3.75 亿美元的市值并不算太高。当然，这是一场合理的赌博吗？这里没有头脑发热，只有对成本、风险、回报的冷静权衡。

扑克牌玩家会懂得以下类比。一群朋友正在安静地玩扑克牌，赌注一般是数十美元，偶尔数百。试想，不管出于什么原因，一位路过的扑克牌世界冠军把 100 万美元投入底池，并说："这样更有意思。"逻辑突然发生了变化。你手中没指望的牌摇身一变，成为价值 100 万美元的彩票。尽管把这手烂牌改造成大杀四方的好牌的可能性微乎其微，但它一定值得一试。如果赢的机会只有 1%，但奖金却高达 100 万美元，那么我会欣然接受 100 美元的赌注。当然，假如不一会儿，这位世界冠军伸手拿回钞票，并说"只是开个玩笑"，那么所有人看起来都会有些傻气。

## ➲ 那么，问题出在哪儿

对 boo.com 的投资人来说，出问题的并不是逻辑，而是价值判断引发了错误。一项泛欧洲品牌的创建成本，以及抗衡并击败整个欧洲服装零售所需要的基础设施，必定会超过 1 亿英镑。现实是，以其管理团队的能力，要实现这样一个承诺有如蚍蜉撼树。一个从未涉足互联网或零售业的团队，既没有可以转移到新公司的竞争优势、现成的客户关系、供应商关系、品牌认可度，又没有履行客户服务的基础设施，况且当时还没有宽带，信用卡购物也未获得广泛接受。让我们慷慨点，把成功的概率定为 2%。即便回报足够丰厚，要等到 50 个赌注中的 1 个成功也可能会破产。而且，这一回报的价值必定有极大水分，且这种膨胀是暂时的。逻辑并没有错，但是用于评估三角形每一个边的判断却错得离谱。你很难发现泡沫，因为你身在其中。只要你相信自己能以更高的价格把资产卖给下一位买家，泡沫的逻辑就会起作用。

boo.com 的故事也显示出一些决策风险。巨额回报的扭曲效应：在资源有限的前提下，这几种情况几乎必定会令你破产：等待没把握的赌博回报（即便预期价值是积极的）；持续且过度的自负，自认有能力在不确定的局势中拔高胜率；以及从其他人身上获取信心（第 9 章的主题）。boo.com 的故事还显示出两种风险的区别：一是对可能出现的后果进行直觉理解的风险；二是缺乏经验指引、盲目前行的风险。boo.com 的管理者缺乏经验指引，他们以前没有做过类似的决策，也没有得到过反馈。他们是在黑暗中决策，"背井离乡"做决策。这与支持这家公司的财务机构形成了鲜明对比，他们做投资和贷款决策已经数十年（有一些已经数百年），他们能为成功投资的标准构建经验（基于之前的反馈）。年复一年地做着有关股权投资和贷款的决定，他们做起决策来可谓轻车熟路。boo.com 故事的震撼之处并不在于创业者的自信放错了地方，而在于贪欲如何扭曲了专业人士久经沙场的判断力。

## 换言之……

　　管理者对资源部署的决策其实就是投资决策。同扑克牌玩家一样，公司管理者面临三种选择：弃牌、跟注或者加注。最优秀的管理者（同扑克牌玩家一样）在两件事情上比其他人做得好：在有优势的情况下赢得更多；在没有优势的情况下输得更少。跟扑克牌游戏一样，为了能参与市场竞争，公司总有一些成本。这些成本包括日常支出，需要尽可能地保持在最低水平。

　　无论是经营公司还是玩扑克牌，基于规则的决策有助于识别预期积极（成本、成功概率、回报三角有利的情况）的赌博。身为公司管理者，应当一直着眼于三个数据：可能的成本、成功的概率以及可能的回报。然而，顶尖的扑克牌玩家并不以细致的概率计算为起点，偶尔为之也是为了验证基于经验的本能决策。这种经验让身经百战的扑克牌玩家能够理解成功的概率，因为他们熟悉各种各样的未来结果分布。

在缺乏经验这盏指路灯的情况下，你会借鉴旁人的经验（体现在"经验法则"中），但这些并非放之四海而皆准的"法则"，因为它们取决于具体情况。你必须判断它们是否适用于某一特定情况。

## 这意味着……

☆ 管理很简单，因为选择向来只有三种：弃牌、跟注和加注。

☆ 充分发挥你真正的竞争优势，避免在优势薄弱或根本没有优势的领域投资。

☆ 务必要对一项投资的成本、风险和收益有"感觉"，只有这些数据才是真正重要的。

☆ 拿你的决策和最终结果做比较，这样才能在经验中学习。

☆ 谨慎对待旁人的故事和经历，因为它们可能并不具备普适性。

## 经验法则

♥Q 如果你的优势十分明显（这种情况难得一见），那么就大力投资吧。

♥J 如果你的优势很单薄，请谨慎投资。

♥A　每一项成本都应被视为对回报的投资。

♥K　日常开支就是我们参与游戏必须要投的盲注，要尽量把它们压低。

♥10　关注三个重要数据：大概的成本、成功的概率以及可能的回报。

经商和扑克牌游戏有许多共通点，二者面临着同样的挑战：在成本、获胜的概率以及最终回报不确定的情况下进行投资。顶级扑克牌玩家同最出色的公司管理者一样，运用来自经验的直觉指引自己做出决策，并且两个群体都会利用投资的简单算法来验证自己的直觉。当我们缺乏经验，或者不信任自己的经验时，可以用"经验法则"（实际上就是别人的经验）来指导决策。由于扑克牌与经商的相似性，扑克牌游戏的经验法则可直接应用于商业环境也并不令人意外。

# 07
CHAPTER

第 7 章

## 经验法则：
## 第一部分——风险与投资

## ⊃ 经验法则与别人的经验

如果你的直觉没有经过百万次扑克牌游戏的磨砺，也不曾通过蒙特卡罗模拟来了解为手上的一对 A 双倍加注会形成怎样的后果分布，你该如何提升自身决策能力？有一种方法是学习别人的经验。这种经验形式多样，但都可以通过"经验法则"获得。站在决策的岔路口，经验法则能迅速帮你找到"足够好"的选项。如果你未能形成自己的直觉，又不能或不愿采取效率低下的规则式方法，那么就使用经验法则吧。它们蕴含着他人的联想式推理、智慧和经验。因此，它们虽然不具有普适性，却可被用于特定情况。

我曾在图书出版业浸润多年，深知业内有一条广泛使用的经验法则：一本图书的价格至少得是实际生产成本的五倍。通过这样一条简单的法则，你很快便明白，在考虑成本的情况下，应该如何为图书定价。我曾见证该法则（有时会换个说法）在二十年里被反复应用，它非常实用，能快速决定某些图书能否赚钱。然而，同一切经验法则一样，它对具体情况十分敏感。这条法则承载着一系列隐藏的假设，随着按需印刷的不断增加，以及图书分销网络和交付媒体的变化，其中许多假设已经开始朗朗化。一切产业，人类活动的一切领域，都有其经验法则，扑克牌也不例外。在扑克牌界，许多经验法则只适用于某一特定扑克牌游戏种类，但其中蕴含着关于风险和回报动态变化的基本真理。它们从数百万局扑克牌游戏中提取出经验，并将其凝练为短短一句话。只要小心使用，并且用对场合，它们便是珍宝。

　　我在第 1 章批评了管理学的理论发展路径：通过观察拥有顶尖业绩的公司的管理行为，得出这些行为具有普适性（提升企业管理的定律）的结论。很明显，这些理论没有哪一条能够比肩科学定理的作用和地位，尽管其作者自称可以。实际绝大部分只是一些作者的浮想联翩，缺乏可靠的因果关系。不过，也不能说它们毫无价值，将之视为经验法则或许是最聪明的做法。把从特定环境中提取的经验当作万金油是无效的，但我们总能想到简单的答案和普遍的真理。虽说这些管理"理论"永远不会有这样大的影响力，但我们可以借鉴其内涵，为特定情形提供有价值的见解，进而制定有效策略。我们不能（尽管我们有时会这样做）关闭大脑、停止判断，或者盲目贯彻这些"经证实"的理论（更糟糕的是，我们有时会付给顾问公司数百万，请他们越俎代庖）。在决定哪些实践能有效应用于新环境方面，敏锐的判断力无可取代。无论说得如何天花乱坠，这些言论的本质就是经验法则，而不是管理学的普遍定律。

　　我将分两章讨论某些扑克牌的经验法则对管理的影响。在第 15 章，我将概括一些应对对手和竞争者的经验法则。

## ➲ 经验法则——投资的逻辑

### 1. 耳聪目明，坚持思考

**在牌桌上：** 无论这场赌局看起来进展得如何常规，也绝不能停止观察和思考。每一次下注、每一次暂停、每一个手势都可能透露对手的手牌信息。隐藏的牌是什么？你无从知晓。但是，你可以评估对手手牌的相对强弱。想要获得优势，最有效的一个办法就是找到对手玩牌的规律。牌好的时候，对方是如何下注的？牌差的时候又如何？你要坚持捕捉不寻常的信息：你没见过的手势、不寻常的关注点。大部分手牌平平无奇，输赢也不大，于是你便排除了这个极小的可能性（你的对手已经拿到一手同花或者别的大牌）。但是，一手牌的输赢偶尔也会很大。突然之间，细致入微的判断力成了关键。如果你在 5 分钟前看到了一个不寻常的手势，那么现在它可能就具有重大的意义。这也许可以提示你，那些被你不假思索排除掉的小概率事件，或许值得重新考虑。即便是蛛丝马迹，也能为你拉响警报，提醒你小概率事件正在发生。

**在会议桌上：** 无论你所处的市场多么一成不变、易于预测，你都不能停止观察和思考。要封闭大脑再容易也不过了，人们总是自以为一切都掀不起什么变化。一个雄心勃勃的竞争者即将入局，可惜你未能注意到这个细微的信号，你的眼睛也看不到社会渐进变革的意义。专注于例行交易，满足于常规小额收益的你，对释放重大亏损的预警视而不见。不善观察的青蛙从来感觉不到正在上升的水温。涉及消费者的行为和竞争者的动作的方方面面，你都得对照某些极端可能性加以考量和验证。正如英特尔（Intel）公司的安德鲁·格罗夫（Andrew Grove）的著名论断：只有偏执狂才能生存。

★ **保持耳聪目明，尤其要关注那些令人惊讶和出乎意料的事情，无论这些事情多么琐碎。**

## 2. 位置很重要

**在牌桌上：** 位置在扑克牌中十分重要，也有非常具体的意义。在扑克牌比赛中，下注的顺序是固定的，总是自发牌人顺时针开始。最后下注的人最有利，第一个下注的人最不占优势。这道理很简单，最后下注的玩家已经获取了足够的信息，对其他玩家的手牌有了充分的揣摩，而打头阵的你却什么也不知道。作为第一个下注的玩家，你身处险境，随时可能遭遇强敌（尚未现身）的加注。但最后做决定的玩家则能确切地知道，自己需要为下一张牌付出多少成本（先下注的玩家无从知晓）。因此，教科书建议，要做开局下注的第一人，你手上的牌必得具备横扫千军的优势。同样的一手牌，处于优势位置的你或许愿意跟进，但倘若换到第一个位置，则最好弃牌。

**在会议桌上：** 商界有一个频频被引用的经验法则，叫作"先发优势"。但现实却往往是另一番光景。亚马逊网站并非美国第一家在线书店，它被查尔斯·斯塔克（Charles Stack）抢了先。只是随着查尔斯·斯塔克泯然于世，回首环顾，人们就坚持以为亚马逊是这个行业的第一人。实际上，诚如位置靠前的玩家会吃亏，同样的道理，第一个吃螃蟹的人会经历一段艰难的时期。作为某一市场的开路人，你所面临的未知数太多，既没有顾客接受度、价格数据可参考，又缺乏营销经验。你的产品规格未经测试，没有规模经济，也没有成熟的产品经验。任一未知因素都能让你栽跟头。这使得风险大大增加。未知的因素越多，风险就越大。因此，要为新兴市场吸引或投入足够的资本，开路人面对的困难更大，需要的勇气也更多。精明的竞争者会等待市场做出早期反馈。如果这个竞争者能得到足够的资本，以及一条成本效益高的市场准入途径，或是相关技术专长，探路人往往很难与之抗衡。后来者面临的未知因素较少，风险较低，投资时也更为自信。

★ 新兴市场有许多未知，这意味着风险的增加。要承担这些风险，你必须具备一个明显的优势。

★ 在部分风险已知的情况下，第一时间果断出击，这比争当第一个吃螃蟹的人重要。

## 3. 加注和弃牌都比跟注强

**在牌桌上：** 如果握着一手好牌，那么就应该加注（如上文所述），尽管也有一些例外，比如，你的牌非常好，你打算隐藏实力、诱敌深入，让底池里的钱越积越多，即所谓的"放长线钓大鱼"。如果你的牌很弱，或者很普通，赢的机会很小，那么就不该下注。初学者和牌技差的玩家在拿到普通牌时往往会跟一两轮，等到赌注升高的时候才不情愿地逃走。偶尔为之无伤大雅，但若频频发生，筹码就会一点一点流失，完全看不到获胜的希望。把一手平庸的牌打成二流好牌并不是明智之举。还记得吗？顶级玩家在手牌不好或平庸的时候很少输钱。所以，强则加注，弱则弃牌，切勿拖拉到结束。（例外的情况和作为普遍原则的经验法则一如既往地存在，有时你要隐藏手牌的实力，如此，你的玩法才不容易被人看透，比如，虚张声势或半真半假，我们稍后再讨论。）

**在会议桌上：** 真正的竞争优势（如底牌是一对 A）十分罕见。如果你有这样的优势，就应该鏖战到最后。比较严重的问题是为没什么希望的小项目追加投资。在现实回报的前景消失很久之后，过去那些看似前途大好的产品和市场仍在继续获取资金。为下一年投入日常开支就好比跟注。你没有兴致抬高赌注，但这个产品又没有差到应该立即放弃的地步。于是，日常支出年复一年地花出去，管理的时间被消耗了，资金也遭到了冻结。如果你客观地看待回报，情况也许惨不忍睹。但是，管理的惰性占了上风，要关闭这些项目可能十分困难。有时候，我们有很好的理由继续下去，但诚如经验法则所说："前景良好，努力推进；前途无光，当断则断。"所以，要么加注，要么弃牌，两者都比跟注强。

★ 人们倾向于一边跟注一边等待结局，但你必须做出决断：这件事的赢面真有这么大，值得力保吗？还是应该弃牌以待来日吗？

### 4.避免打持久战

**在牌桌上：** 玩扑克牌的时候，你希望自己能处在这样一个位置：你下的注都具有积极期望值。例如，你拿到同花赢得这手牌的机会也许只有 20% 的概率，但是，假如最后一张牌的成本是 100 美元，那么最后能赢的钱就是 600 美元。即便你在五手牌里输掉四次，长远看来，这 100 美元的 6∶1 的回报也意味着积极期望值。一些长线的赌注也可能具有积极期望值。举个例子，赢得机会是 2%，但回报是 100∶1（积极期望值）。如果这是一张 1 美元的彩票，只是你全部财富的很小一部分，那么你应该接受。然而，只有当你有足够的准备金打持久战，坚持多次下注（或者为类似的赌局下注）直到胜利，这场赌局才能具有积极期望值。但是，如果你的资金支撑不到迎接胜利的时刻，接受持久战会令你迅速破产。基本上，在得到回报之前，你的现金必定早已耗尽。用蒙特卡罗模拟的话来说，即便期望值是积极的，也很少能得出积极的结果。这是概率定律的一个极端例子，就像醉汉走路，想象一下，一位醉汉走在一条窄道上，小路的一侧是墙（可以挡住他），另一侧是沟。醉汉拖着脚步往前走，每走一步就会随机地左右晃荡。这个醉汉最终会摔进沟里。无论这条路有多宽，最后形成的必定是一串通向排水沟的凌乱脚印。对于资源有限且连续胡乱下注的玩家而言，最终等待他们的是一连串的失败，而这些失败会占用他们所有的资源。如果把有限的财富耗费在持久战之中，你会更快地摔进沟里。

**在会议桌上：**同样的逻辑，一家公司的资金总是有限的。如果支持一系列高风险项目（比如成功概率是 5%）的你只能为其中一小部分项目提供资金，那么，就算其中某一项成功的投资能带来丰厚的回报，结局也只能是灾难。许多初创企业都有这个特点：资金有限，计划的风险高。没能生存下来的大多不是因为理念愚蠢，也不是因为管理者不行（尽管这两个方面的局限性往往都适用），真正的原因是，就像沿着窄道行走的醉汉，只要判断失误或者稍微晚于预期，现金就没了，人也便掉进了沟里。投资的预期价值也许是积极的，但是，他们就像是走在一条极细的绳子上。当然，令人沮丧的是，无论打扑克牌还是经商，头一回下注就能得到回报，这种"傻人有傻福"的情形总是存在。在商业记者的造势下，他们吹嘘自己的远见、判断力和勇气。这其中的逻辑一如既往，因为获得了成功，所以他们的眼光独特，唯有他们才能穿越迷雾找到正确的路径。被捧为商业英雄的他们，凭借自己的良好记录，很容易为下一个风险项目筹到资金。然而，他们往往得不到幸运女神的第二次垂青。

★ 股东不会允许你用他们的钱去玩彩票。所以，请不要这样做！

★ 坏运气最终会把我们全部撂倒在沟里，成功的秘诀是：尽可能在外面待久点。

## 5. 不要为小优势孤注一掷

**在牌桌上：** 这是对上一条经验法则的不同诠释。建议你避开长线赌注，因为在一般情况下，你必须多次下注，才可能看到胜利的希望。这一次我反对的是把大半身家投在一个优势微弱的赌注上。如果可以选择，你一定不会投入所有筹码去赌 55% 的获胜概率，但是，在锦标赛中，面对你的对手的步步紧逼，也许你只能背水一战。没有重来的机会。就像抛硬币一样，你会赌上一切。蹒跚前行的醉汉甩开了大步。这时，除非福星降临（这样的幸运儿当然存在），否则你只会更早地掉进沟里。

**在会议桌上：** 这个道理不言自明。赌上公司的大半身家，是你避之恐不及的事。这场赌博的预期价值可能会造成极大的误导。应该拿多少财富去冒险，这是一个重要的考量。但是，企业家在创立公司的时候接受了这场赌博。新公司的破产率很高，成功的概率比掷硬币的 1∶1 还小。创业者可能会赌上大笔资金，也会放弃大量薪金。创业者该如何解决这个难题，又该如何处理这个赌注？这将是第 10 章的主题。当然，这种建议并非适合所有人。

几年前，我的老板（一位经验老到的赌徒）给了我一则建议。关于投资，他的经验法则很简单：假如你没有足够的信心在三年内让投资翻倍，那么它大概就不值得。"足够的信心"是什么意思？它是一种判断。当然，不是渺茫的 10%，但也不是确凿的 95%（不管这些百分比代表了什么）。有一种人，对成本和回报具有天生的直觉，他们无须等待财务部门 10 天后完成的建模结果。这条法则是否太武断？我认为它很有用。三年内让你的钱翻倍，每年的回报率大约是 25%。这是很好的资本回报。但请记住，世间没有十拿九稳的事，所以，在赌博中才会有输家。任何行业的回报都同风险成正比，这是我牢记于心并且时常应用的经验法则。

★　你不应该将大把赌注放在极为莫测的预期上。你忽略了哪些值得一赌的事？

## 经验法则

♠2　对于出乎意料的事，请保持敏感。

♣3　位置很重要（开路人需要更大的优势）。

♣7　加注和弃牌都比跟注强。

♣8　避免打持久战。

♣9　不要为小优势孤注一掷。

♣K　大步流星（高风险）地走在一条窄道（有限的资金）上，你只会更快掉进沟里。

♥3　一个好的投资项目很有希望让你的钱在三年内翻倍。

**我**们已经认识到，决策更多的是一门艺术而非科学。我们没有客观可靠的方法来事先确定行动方案。以经验为基础的判断永远是决策的指南。我们在第 5 章看到，如果能把这些判断运用到同样的环境（这些环境就是我们的老师）中，它们会起到很积极的作用。本章关注在熟悉的环境中的决策过程——我称之为在"家附近"做决策；探讨直觉判断在哪些情形下有用而在哪些情形下令人失望。例如，如果我们仅做出了很多小成绩就会飘飘然，自以为不会遇到任何问题。美国长期资产管理公司就展现了这样一个故事。

# 08
CHAPTER

第 8 章

## 在"家附近"做决策

## 案例：没有风险的利润

无论以何种标准衡量，美国长期资产管理公司（Long Term Capital Management，简写为 LTCM）的管理团队都堪称智慧超群。他们以两位诺贝尔经济学奖得主为荣：罗伯特·默顿（Robert Merton）和拜伦·斯科尔斯（Byron Scholes）。

同所有对冲基金一样，LTCM 的目标是盈利，但要把投资者的风险最小化，方法是持有一个头寸，然后用另一个头寸去对冲它，从而让整体风险降到最低。对于对冲基金的管理者而言，利润的规模很重要，吹嘘利润的可靠性也应当同样重要（牺牲高位来抵御低位）。LTCM 的核心战略是买入有息债券，同时卖出相关债券，如果价差（两种债券的利率差）缩小就会盈利，这就是所谓的固定利率的套利交易。但是，要想通过对冲良好的风险赚大钱，这里存在一个问题，回报很少。如果要赚大钱，就得下大赌注。回报也许非常可靠（波动性较低），但利率的价差只有一个百分点的零头。为了克服这一问题，LTCM 从一开始就计划利用杠杆，即借入20~30 倍于自身资本的资金，使所持股份成倍增长。这和你自己拿出 1 万英镑买房，抵押贷款 20 万是一样的道理。如果这套房产的价值升至 25 万英镑，你可以偿还抵押贷款并保留所有收益。1 万英镑的风险回报非常可观。经杠杆作用，25% 的资产价值增长变成了风险资金 500% 的收益。但是，如果市场下行，你将承担一切损失。

LTCM 的时机非常完美。他们破天荒地从投资者那里筹集到 10 亿美元，并于 1994 年初开始交易，正好碰上艾伦·格林斯潘（Alan Greenspan，前美联储主席）出其不意地提高了短期利率。这虽然导致了金融市场的动荡，却为这个坐拥 10 亿美元投资的熟练团队创造了条件。在第一年的交易中，LTCM 赢得了 28% 的回报。这是一个令人惊叹的成绩，因为大多数证券投资者当年都会亏钱。受其早期的成功经历鼓舞，LTCM 旗下管理的资本规模扩大，这意味着合作伙伴必须更加努力地寻求投资的新机会。他们凭借自己的电脑模型来识别市场暂时与长期平均水平不一致的情况（利用金融市场暂时的低效率）。LTCM 不会单纯地赌某一价格的上涨或下跌，而是进行对冲，赌被夸大的两种价格之价差将回到正常区间。他们在全球政府和公司债券、抵押证券、标普 500 期权、利率衍生品和其他金融工具中找到了机会。资本基础的回报不断扩大，要保持住这一态势，就得承担更大的风险，但他们始终坚持 "宁要确定的 5 美分，不要没把握的 1 美元" 的原则。

即便是在亚洲金融动荡的 1997 年，该基金也得到了 25% 的回报。1994 年 3 月在 LTCM 投资的 1 美元，到 1998 年初的价值是 4 美元。不过，尽管投资者的资金回报很高，但投资的总体回报却不大。1995 年末，当该基金的杠杆是 28 : 1 时，投资的总回报率只有 2.45%，而且，如果考虑到其衍生品交易未计入资产负债表这一事实，那么基本确定低于 1%。总体现金回报反映出承担的风险不大，因为投资者是从较高比例的借贷获利。到了 1998 年初，投资资本已增长到 47 亿美元，其中伙伴个人持有的股份达 19 亿美元。不可思议的是，这笔资金是通过 1 240 亿美元借款进行杠杆化的。LTCM 在多元化市场上以风险较低的头寸进行了数千次的小赌博（按占基金总财富的比率计算），其成功有赖于创始人鉴别机遇的技巧和杠杆的力量，这种策略带来了极高的回报，且波动性极小。金融界的某些顶尖头脑似乎终于找到了一种令高回报与低风险并行的方法。

## ⊃ 当直觉成为优秀公司（以及优秀扑克牌玩家）的助力

有一位扑克牌玩家，就叫他鲍勃吧，五年来，他每周四晚上都与同一帮朋友玩德州扑克牌。他对自己的直觉充满信心，这是有道理的。不用停下来按规则计算概率，鲍勃就能知道何时该加倍加注，何时该弃牌，哪些玩家会被诈牌劝退，哪些玩家得小心对付。这是一位利用自己在熟悉环境获取的一切经验来做决策的人（在"家附近"做决策）。如果我们为这个舒适而又熟悉的环境引入一些变化，这些悠闲的扑克牌玩家就得停下来费些脑筋。假设鲍勃的某位朋友邀请自己德克萨斯州的表亲来参加周四晚上的固定聚会，这就要求玩家重新摸索经验，因为原本熟悉的玩牌模式也许不再适用。倘若德克萨斯州来客提议改玩奥马哈牌（另一种扑克牌玩法），而不是大家常玩的德州扑克牌（尽管奥马哈牌与德州扑克牌相似，却需要不同的评估和下注策略），那么，在新规则之下，鲍勃五年来针对一种游戏形成的直觉反而会成为不利因素。紧接着，我们的客人又提议提高下注的限额以增加游戏的趣味，这样一来，鲍勃就该借故提前离席了。

直觉式推理随着经验的累积而发展。这种经验不是普遍的，而是受特定环境塑造。一旦环境发生改变，一部分经验就不再适用，甚至会招致风险。如果你在一个行业里工作了十年，你必定获得了大量经验。关于这个行业的运作方式，你一定有能力做出直觉式判断。你的直觉会告诉你，顾客在经济周期的不同阶段对价格变化和产品质量的反应。通过简单的观察和联想，你已经了解服务质量波动对于顾客忠诚度的影响。你见识过一些投资项目的繁荣与凋零。这些在激烈战场上积累的知识，是无法通过课堂学习学到的。某些知识也许能成功转移到全新的环境之中。例如，一切管理角色都能教你如何激励员工、处理不可避免的办公室政治。然而，有关公司发展的决策，即管理者无法回避的、以追求利润为目的的资源部署决策，很可能就是这个行业的特殊性所在。直觉就是你对自己工作环境的了解，不多，也不少。迪士尼前首席执行官艾斯纳（Eisner）认为"直觉"是："数不清的过往经历的总和，这些经历赋予你做出合理决策的能力。"下一章，我将专门探讨如何在不熟悉的环境中完成决策挑战，也就是在"离乡背井"的情况下做决定。不过，我们得先讨论"家附近"的决策。经验在哪些情况下能可靠地指导我们做出有效决策，又在哪些情况下会令人失望？

# ➲ "家附近"的决策

那么，在哪些情形下，人们能够在"家附近"做出优秀的决策？简言之，在哪些情形下，鲍勃能在扑克牌游戏中舒适地发挥出最佳水平？那就是当鲍勃最近玩牌频率很高，判断力得到磨砺的时候；每一手牌都为他的决定提供了快速反馈。比起其他陌生的牌类，鲍勃也更乐意玩熟悉的德州扑克牌。此外，在适度的赌注限额内做决策，鲍勃自然最是得心应手。在频繁决策、反馈迅速、环境熟悉以及风险资金较少（占财富总量的比例）的条件下，"家附近"的决策方式效果最佳。下面我们来逐一谈谈商业环境下的这些情形。

## 1. 频繁决策

这些是我们经常要做的决定，未必是每天或每周，但也曾在某些情形下数度为之。以快餐连锁为例，为下一间分店选址就涉及频繁决策，这种决策绝对属于"家附近"的决策。除此以外，还有贷款银行关于信贷便利的决定，以及顾问公司为新任务配备人员的决定。这些都是频繁发生的决策，是由经验丰富的管理者凭直觉做出的决策（很多时候，它们不过是一个勾选程序，完全不需要管理者进行小心决断）。

## 2. 反馈迅速

如果能得到迅速、明确的反馈，直觉式决策就是最有效的。你会清楚自己的决定带来了怎样的结果，是好、是坏，还是徒劳无功？经过修改，你的价格策略是否中标？网站的重启是否提高了流量和销售咨询？快速而明确的反馈是 "家附近" 决策的本质特点。我会在后文谈到，几乎所有领域的专家都会高估自己的判断力。但有趣的是，有研究发现了这一普遍规律的两个例外——天气预报员和牌类玩家（尤其是桥牌玩家）。这自然是因为天气预报员和桥牌玩家的决策会迅速获得反馈的缘故。他们有机会立刻调整自己的决定。倘若等待结果的时间过长，就会出现两种情况。第一种情况是，我们在第 1 章提到，人们总有扮演事后诸葛亮的倾向。如果事情已经过去很久，因为知道了结果，我们在回忆自己最初的决策时，记忆就会被扭曲。你原本预测的是硬币的正面，一年之后，姗姗来迟的结果是反面。会有相当一部分人当真坚信自己的预测一直是反面。第二种情况是，决策和结果的间隔时间越长，这两件事情之间的关联就越模糊。你决定下调所有产品的价格，两年后，你赢得了 2% 的市场份额。这是因果关系使然，还是其他因素在起作用？要培养良好的本能判断，我们需要迅速的反馈。

### 3. 轻车熟路

就像鲍勃更愿意玩熟悉的扑克牌类，我们也喜欢在熟悉的环境中做决策。如果商业环境同去年保持一致，我们就很容易为来年营销预算的花费方式做计划。如果没有颠覆性技术横空出世，决定研发经费的分配也是轻车熟路。

### 4. 财富占比小

如果风险资金在个人财富（或公司净值）中占比较小，我们就能熟练、自在地运用经验做决策。鲍勃乐意接受20美元的跟注，但如果预计到加注将达到1 000美元，他就会非常不安。同样，如果在整个企业的价值中，风险资金占比较小，我们会放心地让基层管理者基于自己日常工作经验运用判断力做决策。然而，若是赌上了企业的大半身家，同样的决定就需要大量论证，并且必须征求所有股东的意见。我已经说过多次，要向别人证明决定的合理性，必须运用基于规则的理性逻辑。据我猜测，即便我们的决定只涉及自己的大半财产，仅凭直觉，也令人难下决心。理性的证明似乎是必要的。担心自己会后悔，这足以成为我们为决策辩护的理由。

## ➲ 经验、等级和企业的经验

企业的经验覆盖很广。企业的学习从不间断。客服代表、销售代表、开发产品或提供服务的人持续收到以下反馈：产品质量、生产方式以及客户对于竞争对手的看法。企业不会停下学习的脚步，不思进取的往往是制定战略决策的人，而这些决策涉及股东的很大一部分财富。企业长期决策制定者，他们领着这份薪水，却恐怕早已脱离了商业环境。由于意识到自己对于商业环境已丧失"感觉"，他们会做一件不寻常的事——雇战略顾问。实际是把自己分内之事（重大决策）外包给缺乏直接市场经验的外行。管理团队为什么要这样做？我猜测，在一定程度上，这是为了稀释个人对该决策所担负的责任（尽管评估战略决策的时间跨度太长，但这似乎不是主要问题）；但更重要的理由是，咨询公司非常擅长为重要决策提供理性论证。向股东提出逻辑论证是必要步骤，唯一不知情的是那些了解情况的人即把握市场变化脉息的一线员工。真正被当作战略实施的是一种看起来很时髦的策略。基于企业自身经验的"常识"战略永远不符合人们的追求。这些话听上去是否有些耳熟？

## ➲ 迷失在家门口

尽管优点众多，但本能推理也可能会造成误导。幸运的是，我们表现出的一些偏见具有高度可预测性。我们一再犯下同样的错误：过分强调几个重要事件；把两个相关的事件误判为因果关系；不假思索地认为这些罕见的天灾人祸不会发生在自己身上。

## 1. 可得性偏差

我讨厌甜菜根，而且我也知道这种厌恶的缘由。我还记得 7 岁刚上学的头一个星期，被迫嚼甜菜根的情景。我百无聊赖地用叉子推着这讨厌的菜根，空空的盘子里留下了一块紫色的印记，直到现在，这块鲜艳的印记还烙在我的记忆里。刚到新学校的前几周，我的内心充满恐惧和不安，对甜菜根的记忆也因此被打上异常强烈的情感标签。一个影响强烈的个人经历，无论好坏，总能抹杀一切相反却不那么重要的经历。

我想，多数人会认为，在空难中幸存下来的概率小到可以忽略不计。我们迅速在脑海中搜寻关于飞机失事的事例。新闻报道里充斥着无人生还的惨烈空难，强烈的情感冲击主导着我们的记忆。如果要我们估算自己幸免于难的概率，我们就会回忆起各种事例，进而得出结论：幸存的可能性微乎其微。1983 年至 2000 年，美国发生了 568 次空难。假如我告诉你，幸存者的比例高达 96%，你可能会质疑我的精神状况或者信息来源。埃德·加利亚（Ed Galea）教授针对意外事故的研究发现，90% 的空难都有幸存者，并且机上人员的死亡比例仅为 4%。这种误解影响深远，因为，如果认定空难等于完蛋，我们就不会认真关注安全程序。在同样机制的作用下，我们会误判企业收购，成立新公司，以及新产品发布的前景。成功比失败更令人印象深刻（第 10 章专门讨论这一点对创业者的影响）。成功的预感，是由这些容易被记起的事例组成的，具有十分明显的偏差。我们容易对风险项目的结果生出本能的信心，这完全是没有事实依据的。

有时候，可得性偏差之所以会产生，并不是因为罕见的、冲击力强的事件被夸大，而是因为有些证据是我们看不到的，所以无法将其纳入考虑。令人意外的空难存活率再次说明了问题。我们已经看到，事故越惨烈，就越容易被想起。然而，许多小事故不会被报道，只有住在事故发生地附近的人才知道。对于不严重的事故，我们很少记得（根本无从回忆）。我们很容易误判事件发生的概率，因为我们只愿意回忆最重大的经历，或者我们所知道的结果根本只是一鳞半爪。

## 2. 臆想出来的联系

扑克牌玩家的幸运座位，还有第 3 章 N.N. 塔勒布那条染了污迹的领带提示我们，把两件事联系在一起是多么简单。在周一晚上例行的扑克牌局上，也许我会偶然地发现，只要坐在对着墙的椅子上，我就会赢。开始只是几次巧合。可过了一会儿，我渐渐发现这个规律好像在持续（并非百试不爽，却也频繁发生）。我并非迷信之人，但此时此刻，我开始回忆，只要我坐在这张"幸运椅"上，胜利似乎就会频繁向我招手。这就是一种偏差，是臆想出来的联系。一旦发现了这种关联的苗头，我的大脑就开始相信，这两件事（坐在这张椅子上以及赢钱）相关联的频率很高（其实并没有这么高）。当然，这件事存在四种可能性：

* 我坐在幸运椅上赢了钱；

* 我坐在幸运椅上输了钱；

* 我坐在另一张椅子上赢了钱；

* 我坐在另一张椅子上输了钱。

一旦我们的大脑产生了这样的念头，认为椅子和赢钱之间存在联系，我们就会开始留意这张椅子的更多辉煌战绩，无视其他三种相互矛盾的可能情形。因为懒得去系统记录真实的频率，我们便确信这种联系的存在。解释一个赌徒的迷信心理是一回事，臆想出的联系可能导致严重后果是另一回事。刻板印象和"拿来主义"智慧很容易让人臆想出事物之间的联系。如果我们相信，照着科学家的培养模式培训出来的员工缺乏优秀管理者的交际技巧，我们就会用自己的经历支持这一臆想出来的联想。对于某些人来说，他们的偏见似乎每天都在被强化。这些偏见同人员、产品、市场和风险有关。

## 3. 风险盲点

我们每天都在与某些风险打交道，但似乎从未陷入危机。我们过马路，继续在受地震和飓风威胁的城市里生活。无灾无难的日子一天天地过，我们开始相信，灾难永远不会发生。对于没有经历过的事，人怎么可能通过联想去了解呢？这是一个归纳性质的错误。**有一只火鸡，因为每天都得到了喂养和照顾，所以，它渐渐相信这样的日子会一直持续下去（它也没有理由不这样想）。然而，在大约200 天的喂养和照料之后，它所熟悉的常态毫无预兆地发生了变化，因为圣诞节快到了。**以我们的典型经历为参照，一切罕见的极端事件都可能导致风险盲点。在金融市场，崩盘大约每十年发生一次，这是所有人的困境，尤其是那些没有经历过上一次崩盘的人，而许多经历过的人亦不能幸免。

　　事件的戏剧性越强，发生的频率越低。比如，旧金山是你理想的居住城市，你住在那里，没有遇到过地震，其实你是在赌博，而且赌赢了，赢得了在理想城市多住一天的奖励。事实上，在该风险的问题上，我们受到了蒙蔽。理智告诉我们风险一直存在，但是，就因为 40 年来平安无事，我们就选择视而不见。然后，每隔几代，总会有人成为这场例行的赌局的输家。人们受用了大半生的小小胜利，总会在一次事件中毁于一旦。

　　每家企业都有自己的风险盲区。我们对某些风险心知肚明，却从未采取任何行动。为什么不行动？因为这样做的成本太高，会降低短期的盈利。假如 20 多年都没有出现过像样的竞争对手，我们就以为自己的产品领跑市场，无人可撼动这一地位。同时，我们也很容易忘记，威胁也许会在一夜之间冒出来。在缓慢变化的环境中，风险盲点尤为危险（我称之为温水煮蛙综合征）。市场在缓慢发展，久而久之，顾客喜好会发生变化，缺乏危机感的企业很可能因市场的变化而出现业务萎缩，甚至消失。

## ⊃ 商业模式和风险

　　一些商业模式尤其容易滋生风险盲点。某些企业通过大量相对安全的小型风险项目盈利，每一个项目的收益都不多，每一个决策所涉及的风险资金也只占公司总价值很小的一部分。这些大批量重复的小型赌博，回报相对较少，成功概率却很高。这些都是企业在熟悉的环境中做出的决策。例如，贷款银行要做千千万万次贷款决定——每一个决定都只涉及其总资产的一小部分，每一笔贷款的利润也不高（比基本利率高几个百分点，再加上安排费和其他费用）；专业服务公司（律师、会计、管理咨询）在"成本加利润"的基础上收取服务费用。在其众多的客户中，每一位都贡献着一小部分利润，而每一项任务都要占据公司一小部分专业资源。这些关于资源分配的决策具有常规、熟悉和低风险的特点。这些大量小额利润的风险一直存在，尽管有时小到被人遗忘，却可能导致灾难性的亏损。贷款银行每天都面临着全球经济大幅下滑的风险。银行的风险通常在不同的企业、地区和行业里呈现出多样化的态势。某一家企业的违约固然令人遗憾，但却并不影响该银行投资组合中其他部分的未偿贷款。然而，如果全球经济衰退，看似平衡和多样化的独立信贷风险会突然相互关联起来。专业服务公司一直笼罩在一种风险的阴影中——专业事故索赔。这种索赔不在专业责任保险的承保范围。从每位客户身上获取更多利润的压力，可能会滋生投机取巧和处事不力的企业文化。在几年甚至几十年里，可能无人留意到这种情况。接下来，毫无征兆地，这种每天都能赚取一小笔额外利润的例行赌博失败了。此外，还有很多企业存在同样的风险预测：规模小、风险低、有日常收益，并且遭遇灾难性亏损的概率小。在安全方面偷工减料的公用事业公司以及不按健康和安全程序培训员工的食品加工公司就是例子。

　　不同的企业有不同的风险处理办法。大部分降低风险的办法要么涉及增加成本，要么涉及更广泛的资源。在任何特定市场，如果你的竞争对手没有费尽心思进行多元化经营，没有增加成本或加强保护措施，他们会获得更高的利润。在十年乃至更长的时间里，他们会成为明星，在前辈面前炫耀自己的成功之路，享受分析师的赞誉和记者的追逐。然后，意想不到的事情（不可避免地）发生了。形势发生了变化，这一策略也失效了。倒是一家默默经营了一百年，不被多数人看好的企业存活了下来。在这个迅速求成的时代，人们太容易忽视其实生存也是一种成就。十年的兴衰沉浮能搏上头条，那么这家存活了一个多世纪，其间经历六次大萧条、一次世界大战，并赶上全球化的企业呢？家族企业的长远目光完全可以替代周期性的季度报告。在一切包含运气成分的游戏中，成功与否，只能以长期角度来评估。

# ⤷ 提高"家附近"的决策能力

尽管直觉式决策很强大，但我们已经识别了几个可能扭曲判断的系统错误：可得性偏差、臆想出来的联系以及风险盲点。那么，我们该如何提高在"家附近"的决策能力，并且努力克服这些偏差？

## 1. 坚持学习

如果你认为自己已经了解了某个事物运作的原理，就很容易闭目塞听。假如你不再听取顾客的声音，你就会迅速落伍。直觉性认识必须保持更新。除非你一直观察并学习，不然你的直觉就会过时，僵化成教条。

## 2. 记录真实决策

每当你做决定时，请做好记录。无论是日常生活中的小小决定，还是关乎职业生涯转变的重大决策，都值得你记在日记里。请记录你的决定，并写下最主要的理由。等过了半年，带着事情的结果，再去翻阅你的决策日记，看看你的判断力是否可靠（判断的准确性是很重要的反馈）。记忆不可靠，不能作为准确评价过往表现的标准。不管是为个人、部门还是管理团队考虑，为方便回顾，你必须把决策记录下来。只有把已经发生的事情记录下来，我们才能发现影响判断的偏见以及臆想的联系。

## 3. 寻找异常情况

　　一个异常情况强于十几项例行公事的检查。它令你明白，你对顾客需求、竞争对手的产品质量以及自己的管理优势的固有认知存在偏差。通过异常情况，你的大脑认识到，这个世界不会完全按照你的思维模式运转。你可以一直忽视、敷衍这些异常，然而，承认它们的存在，弄明白它们的"奇"与"异"，才是获得新知识的唯一途径。有一些异常情况表现为对周遭发生的事物过于敏感。因为你很容易专注于手头上的任务，忽视四周的异常情况。

## 4. 别做被"圣诞节"吓到的火鸡

　　你不可能经历一切罕见之事。罕见亦是危险，十年的利润可能就此毁于一旦。假如你从未经历过这些事，你的直觉判断就不会将其纳入推理，也就是说，你在做判断时，不会考虑这一风险。你可以问问自己，"如果发生这种情况，公司会如何应对"，这足以提醒你正视风险。如果你过度自信，认为这种情况不会发生在自己身上，这便是最危险的事。它迟早有一天会发生，只是不知何时到来。

### LTCM——呼啦啦似大厦倾

　　美国长期资产管理公司延续了四年的成功传奇自 1998 年 5 月开始瓦解。到了 9 月，其亏损已高达 46 亿美元，为防止

产生更加深远的国际影响，联邦储备委员会不得不组织一个
银行财团，向其提供现金援助。该基金合伙人的 19 亿美元个
人股本不到四个月便蒸发殆尽。由于对自己的商业模式极度
自信，大部分人把全部身家都投资在一个合作项目之上——
他们认为没必要采取对冲的方式来防范失败。LTCM 就像一
只等来了圣诞节的火鸡。该基金最早的大幅月亏损发生在
1998 年 5 月和 6 月，分别亏损 6% 和 10%。在接下来的 8 月
17 日，俄罗斯宣布延期偿付债务（这一事件最终阻止了美国
政府对外国债券投资者的纾困）。与俄罗斯没有关联的市场纷
纷开始下行。俄罗斯的违约突然让全世界从风险抵御走向资
产变现。LTCM 打赌会弥合的利差开始大幅扩大，他们遭遇
巨额亏损。这时候，投资者试图平仓变现，价差进一步扩大。
同一时间，所有人都想退出，但并非所有人都有能力立刻变
现。突然之间，LTCM 在全世界部署的那些多元化、独立的风
险项目同时倾倒。曾经出色预测利用单一衍生品或套利债券
获利的计算机模型，也曾假设这些市场并不存在相关性。在
全球金融恐慌的时期，所有市场竟然相互关联起来，它们的
多元化战略如今已化为泡影，没人预料到这种情况。罗文斯
坦（Lowenstein）把 LTCM 的故事描述为坐过山车："LTCM
用数学的精准算法算出自己在一天内损失超过 3 500 万美元的
概率很低，结果却在 8 月的某个周五亏损了 5.53 亿美元（占
其资产的 15%）。"对于他们来说，一个市场里的亏损意味着

在所有市场里的亏损。理论上的应对方法是按兵不动，等待异常交易过去，头寸恢复。可是，如果基金里的绝大部分资金是贷款，犯错的余地就很小了。一些创始人抱怨运气不佳，并将之归咎于百年不遇的反常事件。但很明显，12 个月后，美国的主要价差依然巨大，得到救济的该基金很快遭遇再次亏损。

在基金成立之初，LTCM 曾奉行经典的经营模式，即在"家附近"制定明智的商业决策。没人比他们更了解固定利率套利交易，毕竟其中两位创始人都曾以如何评估期权价值的分析夺得诺贝尔奖。每一笔交易都只涉及该基金资产的一小部分，他们正在迅速学习如何获得看似无风险的稳定回报（也迅速成功了）。然而，期间发生了两件事。其一，由于他们最擅长的交易回报在降低，他们便引进了新的资本（和更多的贷款），并且不得不寻找偏离自身专业领域的新合同。其中包括单向押注日本债券（一种高风险、无对冲的赌博，完全偏离了其初衷）。其二，他们要么是不明白，要么是忘记了一直存在的风险，在危机时期，他们在各个市场的多元化投资会相互关联。多元化在某些情况下并不存在。这场失败最终很讽刺。LTCM 利用市场运行的低效率来赚钱。如果正如新古典主义经济学家的观点，价格总是体现一切可用信息，并受到随机事件的影响，那么波动性就很低，如是观之，这样巨大的波动的确是百年一见的事件。然而，假如市场确实以新古典主义经济学所预测的方式运行，市场就不会出现低效率，LTCM 更无法利用这一点。曼德尔布罗特（Mandelbrot）指出，正是这种让 LTCM 有钱可赚的低效率，证明了波动性远远高于传统模型的假设。LTCM 要从现实市场中赚钱，却又用理论模型的稳定性来自我安慰。LTCM 施行的是典型的"家附近"商业战略，却因为未能预见到风险而在短短四年间坍塌。为自己的成功所累，他们不得不推进风险更高的业务，试图从不断增长的资本中获取回报。对于所有头寸同时低迷的风险，他们要么是忘记了，要么视而不见。倘若没有使用这样多的贷款，他们也许已经凭借灵活性冲出了风暴。可是经历了 28 次杠杆作用的他们，就像沿着窄道行走的醉汉，因为四年后的一次颠簸而跌进沟里。

## 换言之……

你的直觉体现了对自身环境的所有认知。当你在"家附近"做决策时，你的直觉能给你良好的指引，因为这样的决策具有频繁发生、环境熟悉、反馈迅速，以及所涉资金占比财富较小的特点。但是，即便是"家附近"的直觉判断，也可能犯下一些可预见的错误。我们也许会受到可得性偏见的误导，过分看中极少数情感意义重大的事件。我们臆想出事物之间的关联，强化自己的偏见；在风险面前，我们变得盲目。为了加强自己在"家附近"做决策的能力，我们需要坚持研究自己所处的商业环境、记录决策、寻找异常情况，并且永远不能排除危险可能降临。

## 这意味着……

☆ 从一个环境中获取的直觉（经验）会在另一个环境中对你造成误导。永远不要脱离商业环境，即顾客、供货商和竞争对手。

☆ 要深入了解你所处的环境，同一线员工聊天远比与战略顾问交谈有效。

☆ 坚持寻找异常情况。这些事件提醒你，世界并非按照你的想法运转。

☆ 长期存活（不掉到沟里）才是衡量一家公司是否优秀的真正标准。

## 经验法则

◆A 从一个环境中获得的直觉在另一个环境中会产生误导作用。

♣Q 在熟悉的环境中，的确是越勤奋越幸运。

♠10 坚持学习，与商业环境保持联系。

◆3 要对异常情况给予特别关注。

**我**们在上一章讨论过，环境塑造直觉，如果把这种直觉反过来用于同一环境的决策（即在"家附近"决策），它会爆发出强大的力量。本章所关注的问题则更加富于挑战性，即探讨如何在陌生的环境中进行有效决策，也就是针对不得不"离乡背井"做决策的情形。这些决策虽然罕见，却很重要，任何管理者都无法回避。由于环境陌生，并且得到的反馈往往混乱、滞后，我们缺乏准确直觉的指导。在这种情况下，我们该如何决策？该从何处寻找开展行动并吸引他人追随的勇气？答案令人惊讶且不安。人往往容易被过去的成就蒙蔽住双眼，这些成就或是自己的，或是别人的。这一点已经由无数的事例证实，下文讲述的安东尼·费雪（Anthony Fisher）的故事便是其中之一。其实，在陌生的领域做出好决策的策略也是存在的，从地理的角度来说，我们可以请向导，也可以制作地图。

# 09
## CHAPTER

第 9 章

## "离乡背井"做决策

### 海龟肉汉堡——安东尼·费雪的故事

以他所处的时代和成长经历而言，安东尼·费雪的出身并不显赫。他曾就读于伊顿公学，第二次世界大战时曾是英国皇家空军的一名飞行员，后来在伦敦金融区工作。但他的后半段人生却不平凡。1950 年，他辞职回到英格兰南部，试图振兴家族农场。在最初的尝试中，他购买了一批 200 天大的小鸡，把它们饲养在一间 1 平方米的马厩里，用电暖气把室温保持与母鸡体温一致。一场口蹄疫袭来，农场的牛群遭到宰杀，费雪得到了一笔赔偿金，他拿出一部分去了趟美国。就在那里，他见识到家禽被大规模饲养：在一栋楼里饲养 15 000 只家禽。若要在英国复制这种集约饲养模式，必须得到这种经过特殊培育，能迅速进入成熟期的家禽。但是，进口活禽和禽蛋属于违法行为，所以，他便想办法把 20 枚白岩鸡蛋分别用银箔包装好，以复活节鸡蛋的名义走私到英国。1953 年 5 月，他成功培育出 2 500 只鸡，同年 8 月，农场里已有 24 000 只鸡，他成立了巴克斯泰德鸡肉公司（Buxted Chicken Company）。随后公司迅速扩张，到了 1964 年，公司每周已能生产加工 50 万只鸡。随着产量的增长，生产成本降低了。在巴克斯泰德公司经营的十年间，消费者购买鸡肉的价格下降了一半还要多。许多政客拍着胸口许下的"让每家每户都能吃上鸡"的承诺，被安东尼·费雪兑现了。他于 1968 年卖出了这家由自己创办的公司，彼时安东尼·费雪仍是有钱人。

　　然而，他在食品加工行业的第二个风险项目就没那么成功了。1967 年，他读到一篇描述绿海龟困境的文章。由于过度捕捞和产卵地的丧失，绿海龟面临着日益严峻的威胁。随着全球人口迅速增长，人类十分关切未来几年的粮食问题。费雪打算驯养这种海龟并密集饲养，使它们成为一种高蛋白、低脂肪的食物来源。他选择在大开曼群岛（Grand Cayman）建设基地，还成立了公司，也拉到了投资。经批准，他们从野外获得了海龟蛋，并利用全新的设备进行孵化。他从一开始便雄心勃勃，打算建造 4 万平方米的养殖场，可容纳 10 万只绿海龟。显然，这一愿景的基础是鸡肉加工公司的成功。1973 年，第一次圈养获得了成功，公司的前景看上去一片光明，他们的目标很简单，"我们相信海龟食品行业的规模会在未来几年比肩鸡肉行业"。海龟全身都是宝：壳能做灯罩，油能制作化妆品，皮可以制成皮革，就连夭折的幼龟，经冷冻干燥和树脂封闭，都能被当作镇纸出售。但是，对海龟肉的需求，也就是这个商业计划的主要驱动力，必须得到刺激。厨师临危授命，用海龟肉制作出经典菜式，还出版了一本海龟肉烹饪书。

　　这家公司不到一年就倒闭了，费雪为之赔上了全部身家。原因是不断壮大的环保运动击垮了这家公司，也掐断了投资者的追加投资。1973 年末，美国通过了一项法案，禁止濒危物种买卖（五年前，费雪启动项目时，绿海龟还不在此名单之列），由于公司无法证明其生产过程属于"饲养"，他们被美国市场拒之门外。这一监管方面的变化似乎是压倒这家公司的最后一根稻草，然而，他们的海龟饲养是否盈利，或者说有没有盈利的可能，到现在也不清楚。人类从事农牧工作6000年，成功驯化的野生动物不过寥寥几十种。驯化并养殖新物种已是雄心勃勃，更何况还要说服以保守著称的食客萌发出对新品种肉类的需求，如是观之，这几乎是不可能的任务。安东尼·费雪缺的不是自信：他在现有本地市场上生产廉价鸡肉，取得了毋庸置疑的成功，这是他信心的基础；但也是这种信心，将他带到了一个全新的领域。

## ● "离乡背井"做决策

尽管直觉推理有其局限性，但它非常灵敏。我们能快速学习、识别规律，也能基于自己的经验做出敏锐的判断。可是，倘若我们远离熟悉的舒适区，又该如何决策？我们如何确定自己处于"离乡背井"且直觉不可靠的处境？

**偶尔，罕见，独一无二** 你无须每天、每周、每月面临这样的决策，往往一年也遇不上一次。这种决策通常是你从未遇过的：收购竞争对手；在德国开设新办事处以扩大地理范围。对于管理者也好，整家公司也罢，这些都是全新的经历。你无法参照记忆中的先例以判断成功的概率。

**不熟悉的环境**  这个决策不仅罕见，而且往往发生在陌生的环境中。在此情形下，我们惯用的"家附近"决策法并不适用。

**反馈慢，或者没有反馈**  最关键的是，许多"离乡背井"的决策可能需要数年或数十年才能收到反馈。有时甚至没有反馈，即便有反馈，也充满了矛盾，很容易被曲解。

**财富占比高**  大部分运营决策的风险资金占比较低，相比之下，这些涉及战略变化、收购竞争对手的决策可能会赌上公司的大部分甚至全部资产。你的决策将会对整家公司产生巨大影响。

可是，这些罕见、关键的战略决策总得有人做（但不是坐在玻璃墙后的办公室里的战略思想家，也不是战略顾问）。当经验直觉派不上用场时，我们应当如何决策？对于"离乡背井"的决策者，我们应该给出怎样的建议？我对陌生环境中的四种决策方式进行了总结，它们或许能给你些启发，也可能会带来误导。我们可以：追随赢家；复制别人的成功；起用熟悉该领域的专家；或者，还是从地理的角度来讲，亲手为这个陌生国度绘制地图。

**追随赢家**  面对一个棘手的决定，人的第一反应往往是把赌注压在一位久经考验的赢家身上，因为这样的人已经表现出自己的"卓越不凡"，即具备转败为胜的优秀判断力。我们认为，过去的成就能很好地引领未来。有时候，这位"赢家"就是我们自己，辉煌的过往激荡着我们的内心。

**复制别人的成功**　有时候，由于缺乏成功的经历作为指（误）导，我们只好模仿别人的成功。这是一种从众行为。因为无法以自己的经验做决策，便对成功人士亦步亦趋（就像第 3 章里挑选配偶的孔雀鱼）。既然他们的做法效果良好，那么我大概也能效仿他们的成功。

**聘请向导**　要在陌生环境艰难决策，除了追随赢家和从众心理，还有一种策略：聘请向导。你觉得这些决策既奇怪又陌生，所以你要挑选的工作伙伴必须有不同的感受。你应当聘请业内向导，因为他们能够轻车熟路做决策。这位向导可以是导师或顾问，也可以是股份合伙人。

**绘制地图**　最后，在"离乡背井"做决策时，我们可以接受现实、探索环境，为这个全新的领域绘制一幅地图。通过尝试和犯错去了解这个新世界的运转方式，同时，亲自发现其中的乐趣与风险。在此过程中，为了尽快在陌生的环境中找到自在的感觉，你要坚持观察、学习和验证。

## ● "离乡背井"的你如何做出优秀的决策

我已经简单描述了"离乡背井"的四种一般决策方法。接下来，我将逐一探讨每种方法的优势与缺陷。

## 1. 追随赢家

把赌注放在有成功经验的人（或许是你自己，或许是他人）身上，这是人们在陌生环境中艰难决策时达成的共识，似乎不值得讨论。可是，这其实会导致一些极为不智的决策。我已经提出，一旦我们承认了机会（以及运气）在管理中所起的作用，那么，就不可能准确解读这些成功的记录。你能读到的只是决策的结果，运气和技巧在其中分别起到了怎样的重要作用？我将在第 11 章着力分解这一难题。要把幸运的傻瓜同聪明的失败者区分开来，难度极大。对记录的解读并非总是见山是山。

即便能确定成功只是因为技巧，没有任何运气成分掺杂其中，面对陌生环境下的艰难决策，盲目依赖曾经的赢家也会出问题。我们倾向于优秀的判断力是一种个人能力的观点。人们普遍认为，无论如何，良好的教育和聪明的头脑是一切成功判断的前提。然而，我们已经了解，良好判断的基础是某一特定环境的经验。

只要结果是好的，我们就给人家贴上"赢家"的标签。我们信心百倍地认为，他们能够在一切情况（即使是与判断力形成环境截然不同的情况）下运用经过验证的判断力。假如没有养鸡的丰碑在前，安东尼·费雪能开启绿海龟养殖项目吗？虽然二者看上去相似，但对于绿海龟养殖公司所面临的巨大挑战，巴克斯泰德公司的经验却没什么用武之地。全新的挑战很多，随便哪一个出问题都可致使这个风险项目失败。采购食物、控制疾病、支撑繁殖周期，整个驯化过程充满了风险和或然性。就算战胜了这些挑战，也并不代表成功，还必须有能力让国际市场的消费者形成对新食品的需求。事实证明，事情的关键点在于社会态度的变化和环保意识的日益觉醒（我怀疑费雪从未考虑过这一点）。一次成功可以带来巨大的自信，诱使我们涉足新的风险项目，可是，之前的成功与这里的全新挑战几乎没有任何关系（我将在下一章详细讨论企业家的过度自信）。追随曾经的赢家可能是一种误导性极高的策略。一个环境里的优秀决策者，到了另一个环境，可能会成为极其糟糕的决策者。要想在陌生环境里做出更好的决策，我们必须对源于其他成就的自信保持怀疑的态度。

## 2. 复制别人的成功

当我们不得不在陌生环境中做决策时，我们还会采取从众策略——复制别人的成功。20 世纪 90 年代末，亚马逊公司名声大噪，杰夫·贝佐斯（Jeff Bezos）少年得志，引得大量媒体竞相报道（文章、个人简介、电视采访）。贝佐斯和亚马逊无处不在，声名远播。这个人完全没有图书零售和互联网从业经验。他汲取了前人的经验（他不是第一个吃螃蟹的人，详见第 7 章），并且极有远见。1998 年底，我正在筹备 babyworld.co.uk 的建立，但我没有育儿市场的出版经验、互联网经验，也没有零售经验。我所有的商业知识都是在大公司的庇护下获得的。当时的我同许多人一样，把亚马逊的故事当作自己的目标。我不知道自己有几分把握（成功的总人数除以尝试的总人数，这被称为基础率），但我知道这个故事，它是一条从目标和承诺开始，通向巨大成功的道路，看起来很合理。在很多人眼里，亚马逊的故事证明了只要抓对时机、足够大胆，就可以成功。我凭借这个别人的事例及二手的经验，就做出了极其冒险的、改变人生的决定。

**从众、效仿别人的成功之路未必不智，但是，当你用他人的成就来壮自己的胆时，应当认清自己所面临的风险。你的榜样或许很幸运，但你未必有这份幸运。你的榜样及其团队对于市场的直觉理解可能远胜于你。**若如此，他们会比你们做出更好更快的判断。你依然有可能成功，但必须得到幸运女神的垂青。扑克牌玩家可以通过阅读书籍、学习在线教程的方式模仿偶像的玩牌风格。但是，学生的判断力很可能不及明星玩家。要想赶上他们的成就，你需要超出常理的好运气。

## 3. 聘请向导

如果这个领域已经超出了你的经验范围，你在决策时是否会惶恐不安？那就聘请一位业内人士吧。当我们在陌生环境艰难决策时，起用专家是一个好建议，他们经验丰富，因而具备良好的判断力。但是，如果我们因之前的成就或者因从众心理而信心膨胀，往往就会忽视这一策略。身处陌生环境，起用专家极为重要，创业者不是唯一忽略这一点的人，投资者同样会犯下过于看重记录的错误。在互联网的大繁荣时期，功成名就、受人尊敬的管理顾问和投资银行家（显然，在寻求资金的同时，他们仍在进行自己的日常工作）为新网络服务公司制订了完美的商业计划。这个管理团队中，没有任何人具备服务未来客户的第一手经验，但这对投资人而言并不重要。行业知识可以锦上添花，却不是必要条件，因为投资人和准企业家都想当然地认为，一个由优秀通才组成的管理团队是值得倚仗的，他们可以做出正确的决策。那时成功融资的计划数量比现在多，现在看来，这是明智的。当时流行一些好笑的缩写词：B2C 是指"回去问顾问"（back to consultancy），B2B 是指"回去找银行"（back to banking）。不过，起用专家作为向导并非一点问题都没有，我将在第 11 章详细讨论专家的过度自信和自利性偏差会带来怎样的风险。

## 4. 绘制地图

我们已经看到，在陌生环境中，"追随赢家"和"复制别人的成功"这两种决策策略容易令人自信过头。这种自信使我们无视实际风险。"绘制地图"是我在探索新领域时使用的速记法。（过度）自信令我们无视风险，相反，绘制地图的出发点就是，我们对这个全新的领域一无所知。我们没有特殊的才智和技能保驾护航。因此，绘制地图的人会放缓速度、细分步骤、抓住每一个机会测试环境，不会想当然地看待任何事情。绘制地图是在全新环境中逐步构建专业知识的方法，而不是对另一个环境的模式与方法的套用。安东尼·费雪的故事再次生动地说明了这一点。

## 安东尼·费雪的故事的后续

费雪最初的养鸡实验是自费的。在迎接鸡肉加工挑战之前，他已经一步一个脚印地解决了疾控和高密度饲养的问题，而且当地的市场需求一直很稳定。但海龟项目则完全不同，有了成功经验做底气，费雪不但手握自筹资金（他卖掉了巴克斯泰德），而且还能吸引热衷于追随赢家的投资人进行投资。在踌躇满志、资金充足的情况下，费雪放弃了第一次项目循序渐进的方法。养鸡的第一次试验是在马厩里养殖 200 只小鸡，而海龟养殖的初代设施就具备在特制的围栏里容纳 10 万只海龟的能力。这个位于开曼岛的项目孤注一掷，断送了他在英国小心翼翼开拓出的商业王国。这些野生的生物从未被圈养，更谈不上驯化。市场对于其产品的需求也非常小。这个项目的一切都不确定。对于陌生领域的机遇，本当秉持一步一个脚印的谨慎态度。然而，沉迷于过去的辉煌，信心膨胀、资金充盈的费雪却带领其追随者甘冒巨大风险。

为陌生环境绘制地图既是一门艺术，也是决策艺术的核心，关于这一点，我将在第 12 章详细讨论。但是费雪从富豪沦为乞丐的故事（不是字面意思，因为他的第二任妻子很富有，使他免于经济破产）有力地证明了因成功经验而过度自信的危害。优秀的判断力源于经验，而不是出色的智商或一流的教育。

## ➲ 风险概况和商业模式

　　我在上一章强调了，某些商业模式特别倾向于使用"家附近"的决策方式。保险、银行、咨询以及其他专业服务公司都有大量极为相似的决策，每一个决策都涉及一笔占比总净值相对较小的资金，并且能迅速得到反馈。因此，这些公司具备"家附近"决策的一切优势，但是，这样也容易忽视风险，因为每一个小额资金事件都存在一种极为罕见，却大得不成比例的下行风险。显然，我将这些称为"家附近"的商业模式。

　　相比之下，有些企业不得不做出重大却相对罕见的决定：电影制作公司一年可能只会为一个项目提供资金；迪士尼也许十年才为一两个主题公园投资，这种投资耗费数百亿美元；需要推出新车型的全球汽车制造商也在此例；还有做出 10 亿美元收购决定的大型私募股权公司。**这些关于资源分配的重大决定都属于"离乡背井"的决策，其特点是：罕见，反馈速度慢，所处环境与之前的决策环境不同，并且往往涉及很大一笔钱。**

　　上述两类决策其风险和回报的模式也大为不同。对于采取"家附近"决策的公司，每一个投资决定的回报都很小，并且相对可预测。这种收益具有确定和稳定的特点，尽管往往也隐藏着灾难性损失的低概率风险。相比之下，使用"离乡背井"决策方式的商业模式，其回报模式则截然不同。在电影和私募股权行业，许多投资要么亏损，要么回报不多。但是，偶尔会有一部电影或一项投资业绩非凡，足以弥补其他决策的不良业绩。石沉大海者众多，但总会有几个项目杀出重围、大获成功。

这两种截然不同的投资模式（一种风险小而可靠，但存在一败涂地的极小概率；另一种规模大而充满风险，偶有大获全胜的可能）融入了生活的方方面面。在足球运动里，后卫必须非常可靠，他们需要不停地抢球。这种大量的、小而稳定的回报（因为一次抢球成功）往往也有损失惨重的风险（导致进乌龙球）。在球场的另一端，前锋遵循着相反的逻辑。他们不停地奔跑，却没什么收获，但是，一次成功就会得到丰厚的回报——进球得分。付出大量徒劳的努力，然后得到一个巨大的回报。

这是两种迥异的风险与回报模式，属于两种投资风格。由于占主导地位的投资风格不同，机构的结构与文化也因而各异。在资源部署方面偏好常规的小风险决策的机构会为整个公司制定投资决策，它们有严格的程序控制以限制自由裁量权。其企业文化的重点是程序、培训、遵守和控制。这样的机构里没有英雄，只有良好的程序和有效的管理。这与那些不常出手，但一出手就是重大决策的机构形成了鲜明对比。在这里决策制定是绝对的核心，它们没那么重视控制和系统性。一切以结果论英雄。一些公司有明确的英雄，这些人的名字同几场真正意义上的大胜仗联系在一起，他们代表着一种文化：每一个新决策都要力图再创辉煌——为下一部电影项目签下原班明星；引进同一位首席执行官来重振私募股权的局面。我称之为"离乡背井"的商业模式。

你的公司使用的是哪种商业模式？有些公司可能会在不同时期使用不同的投资风格。例如，出版一本月刊涉及许多"家附近"的决策，但推出一本全新的消费者杂志则是"离乡背井"做决策的经典案例。我将两种商业模式的主要特点和风险罗列如下（见表 9-1）。

表 9-1　"家附近"做决策和"离乡背井"做决策的主要特点和风险

| | "家附近"的商业模式 | "离乡背井"的商业模式 |
|---|---|---|
| 投资的性质 | 具备以下特征的常规投资：<br>• 频繁<br>• 处于熟悉的环境中<br>• 有可靠的反馈<br>• 总财富占比小 | 具备以下特征的起伏不定的投资：<br>• 偶然<br>• 处于全新的环境中<br>• 提供不可靠的反馈<br>• 财富占比大 |
| 组织结构 | • 分散管理，但程序和控制严格 | 采用松散或非正式控制的集中决策方式 |
| 管理文化 | • 监控、控制和遵守<br>• 效率驱动以及流程再造 | • "轻浮"：游走于多种机会之间，但后来……<br>• "不计代价"，为一个项目全情投入<br>• 英雄与反派<br>• 神与替罪羊 |
| 案例 | • 高街银行（亦称"零售银行"，指在英国的商业大街上遍布的、提供便民服务的银行。这类银行允许的贷款额度较小<br>• 专业服务公司<br>• 外包服务商<br>• 零售<br>• 公共事业 | • 电影与电视制作<br>• 私募股权<br>• 一切消费品的大规模发布 |

（续表）

|  | "家附近"的商业模式 | "离乡背井"的商业模式 |
|---|---|---|
| 商业模式风险 | • 温水煮蛙综合征（注意不到环境的缓慢变化）<br>• 无视非常罕见的灾难性风险<br>• 骄傲自满 | • 把握平凡的机会<br>• 一连串失误会让你彻底失败<br>• 在环境不同的情况下，过于迷信"赢家" |
| 预防措施 | • 顶尖管理者需要留在第一线<br>• 注意罕见但一直存在的风险<br>• 不断寻找意外 | • 广泛了解各种机会，选择最佳机会<br>• 相信具备相关经验的人，不要迷信"赢家"<br>• 如果遇到新情况，要聘请专家 |

## 换言之……

当我们在"家附近"做决策时，我们可以利用源自经历的直觉。但是，当直觉不能充当称职向导的时候，我们不得不"离乡背井"做决策。"离乡背井"的决策具有以下特点：罕见或独一无二；环境陌生；反馈有限；财富占比大。在选取最佳行动方案时，我们仍有一些"预感"，但它们的来源可能极为不可靠：要么是赌自己或别人在另一个环境中的成功经验，要么是复制别人的成功策略。投资人和企业家都容易受到蒙蔽，认为优秀的决策力是某位管理者与生俱来的特质，而不是在某个环境中的经验产物。在陌生环境决策时，最好起用向导（熟知该领域情况的人）。但是，我们不得不承认，从某个环境获得的判断力也许并不适用于陌生的环境，这大概才是最有效的长期策略。对过往经历的泛泛之谈（不要被使用这种策略的少数幸运儿欺骗）无法帮你在陌生环境中构建长期价值。**长期价值是通过接受自己的无知，并且愿意快速失败、快速学习达成的。**

　　弄明白你的公司使用的是这两种基本模式的哪一种，是在"家附近"（依靠频繁和驾轻就熟的投资获取稳定的收益），还是"离乡背井"（从事偶尔的高风险大投资）。两种商业模式取决于不同的决策风格，并都存在特有的弱点和风险。你需要了解这些创造财富的决策是如何制定的，这样你就能把自己武装起来，抵御骄傲自满和英雄崇拜的危险。

## 这意味着……

☆ 在"离乡背井"做决策的时候，如果你对自己的判断很有信心，那么就得思考这种信心来源是有根据的经验，还是在他人成功故事的基础上编织出来的白日梦？

☆ 如果你正在不熟悉的领域做决定，那么你应当考虑聘请一位向导（专家）。

☆ 最重要的是，你要接受新环境的新奇，并且花时间为这一未知领域构建属于自己的地图。学会适应新环境。

☆ 作为投资人或企业家，要清楚地认识到，在环境不同的情况下，成功的故事只会给你带来虚假的安全感。

☆ 了解自己公司投资盈利的基本模式，认清不可避免的风险。

## 经验法则

◆6 在陌生领域做决策时，应当考虑聘请一位向导。

◆7 成功会令人自信心膨胀。

**在**上一章，我明确了在陌生环境中的四种决策策略：追随赢家、从众心理、聘请专家以及绘制地图。其实，我们对于自己的判断力，往往有一种与生俱来的自信。本章将探讨这种自信（其实是过度自信）的来源。我所关注的焦点虽然是企业家的过度自信，但也适用于一切新风险项目的评估。

**10**

第 10 章

**过度自信与企业家**

## 案例：悖论——规避亏损与创业者的乐观

假如有机会掷一次骰子，规则很公平：掷出 1、2、3 或者 4，会输掉全部赌金，掷出 5 或 6，则赢得的收益将是本金的 2.5 倍（加上本金，总回报将达到 3.5 倍）。你是否愿意为这样一个机会赌上 10 英镑？如果是 100、1 000、10 万英镑呢？假如要赌上你的所有存款甚至全部身家，你又会接受吗？研究者发现，很少有人愿意在这场赌博中投入太多钱，尽管有积极的预期（10 英镑的预期价值是 11.67 英镑，胜率是 33%，乘以 25 英镑的收益再加上 10 英镑本金。用数学公式表示，就是 33% × (25 + 10) = 11.67）。他们发现，在已知可以玩三四次的情况下，人们会愿意投入更多的钱（有利于分摊风险），有三次以上的机会得到回报（一种组合策略）。但是，如果只能掷一次骰子，这场赌博就没有吸引力，因为不值得为这点奖金承担这样的风险。我们知道，人们往往厌恶风险（我们在第 3 章探讨过这一观点），所以，这种结果也不令人意外。高达 67% 的败率比渺茫的收益更加显眼。

这与创业者有什么关系？我们很难对新生企业的失败率给出一个确切的数据。邓恩（Dun）和布拉德斯特里特（Bradstreet）的一项重要研究得出的结论是：2/3 的新生企业熬不过头四年。还有一项关于美企的研究记录了 1963—1982 年针对制造公司的统计，发现 62% 的新企业在五年内消失，

80% 在十年内消失，根据该统计，这些企业消失的主要原因是经营失败。某些商业领域企业的破产率可能会更高。在餐饮业，独立餐厅经营者头两年的破产率高达 80%。即便这些公司能存活，大多也达不到创业者的预期。一项针对 150 家苏格兰新企业的抽样研究发现，19% 的企业没能熬到第二年，更有 42% 被归为经营不善（以员工增长、盈利能力和生产力来衡量）。创业者的跑车豪宅梦大概要搁置了。

　　不管新企业的确切破产率是多少，邓恩和布拉德斯特里特的数据表明，2/3 的创业投资都是亏损的。然而市场却不乏新创立的企业，实际上，新企业的数量在逐年增加。每一年，都有创业者冲入市场，他们用自己的积蓄和房子当赌注（他们接受了一个在实验中被大多数人放弃的赌博）。这些创业者在想什么？他们凭什么认为这是一场合理的赌博？

　　一项针对创业初期的加利福尼亚州企业家的调查令我们对这些创业者的想法有了一些了解。该调查要求这些创业者预估自己的成功率，然后还要预估同类型公司的成功率。他们表现出惊人的自信。有 1/3 的创业者坚信自己能成功，也就是说，在他们眼里，自己成功的概率是 100%。总体上，逾 80% 的创业者认为自己成功的概率大于或等于 70%。他们对自己的企业极为乐观，对同行的前景倒也一样看好。他们认为同行成功的概率为 59%，这比真实的成功率（约 1/3）高出不少。因此，他们不仅对自己的前景过于自信，而且基本认为大部分同行的表现都将超越平均值。

于是，也许我们已经为开篇的悖论找到了答案，即为什么大部分人宁愿为小赌注而放弃这样一场赌博，却有 2/3 的创业者甘冒破产风险而为之？如果你错误地认为自己失败的概率只有 30%，而不是 67%，这场赌博看上去就大为不同了。在这种低概率的映衬下，这场创业赌博极具吸引力。但我们现在要回答一个问题：创业者缘何高估自己的成功概率？为什么会过度自信？

## ➲ 人人皆赢家

其中一个答案是可得性偏差，我首次提出这一概念是在第 8 章。我们在判断一件事的相对可能性时，会在记忆里搜寻实例。而记忆偏向于最近发生的事件和最难忘的事件。人们对于频率的感知，会因记忆中最易获取的事件而产生歪曲。尽管这对于创业者而言很不幸，但相较于企业破产，企业的成功表现出强大的显性特点（因而也更加"容易获取"）。幸存下来的企业每天都在博取人们的关注；成功的企业家会受到杂志介绍和电视采访。不成功的企业几乎是隐形的。你在客似云来的餐厅吃饭，很难记起这些年开了又倒的那些餐厅。如果要评估成功与失败的相对频率，我们推断出的成功率远高于实际。在生命（或死亡）的许多方面，这种可得性偏差也导致了一些惊人的概率错误表述。你认为由吸烟导致的死亡以及机动车意外死亡的比率是多少？其实，死于吸烟的人数大约是交通事故的十倍，但是，由于媒体报道使几例惨烈事故造成了极高的情感冲击，我们便高估了事故发生的频率。我们知道吸烟与死亡存在相关性，但这些死亡较平常，也没有被报道。这将对我们感知风险的方式、我们个人乃至整个社会的自我保护措施产生严重影响。这些被过度报道的戏剧性事件主导着政策辩论和公共财政。这个事例提示我们，关注一个潜在的比率，也就是统计学家所谓的基础比率是非常必要的。或许你有充分的理由认为基础比率不适用于你的情况，或许作为创业者，你也有理由相信自己的前景潜力优于平均，然而，在没有根据的情况下，无论你的经验和判断力如何，基础比率都是最靠谱的估算。创业失败的基础比率是 67%，这是一个事实。创业者要承担举证责任，证明自己不在此列。一个相关的基础比率好比主观判断的泥潭中的一块岩石，要予以重视，多加思考，看看它是否会常常跑出来扰乱你的自主判断以及你接收到的二手智慧。

## ➲ **构建未来的情形时的误区**

然而，对于某些事件，我们要么没有相关记忆，要么记忆太少，以至于无法估算未来的概率。在远离自身经验领域（亦即"离乡背井"）的时候，我们如何判断？在这类情形下，我们会构建场景。我们其实是在脑海中构建出一个情节，把此时此地（核反应堆正常运作）的自己带到未来的某种状态（核事故）中去。为了评估核事故的概率，我们会关注可能"导致"事故的几个关键点：培训不力、工厂老化、检查制度不完善，以及商业限制所导致的经营让步。我们围绕几个看起来意义重大的因素构建出一个"未来的情形"。如果能轻易地创建出一个情节（一段关于未来的特定历史），我们就会认为其发生的概率很高。如果这一情节很难构建，我们便认为这种结果的可能性极低。但是，这种想法会滋生偏见。在这种情况下，阻力最小的思路所产生的结果就会成为我们关注的焦点。我们将无视大量不同情况所导致的可能性，即便每种情况都存在小概率，并且涉及某些困难的假设。

这倒很像"家附近"决策的风险，经验让你无视可能导致灾难性后果的罕见事件。我们再一次发现，人们并没有按照决策理论家的预测行事（仔细权衡一切潜在的可能性和后果）。我们发现自己的关注点始终在几个主要情形之上，"很可能"变成了"一定会"，"不太可能"变成了"绝无可能"。蒙特卡罗模拟为每一种情况都构建出未来的情景，其结果分布是可靠的，对比之下，我们仅仅遵循几种看似合理的情形，自以为它们非常接近事情的结果，却毫不考虑大量可能导致不利后果的未来情形，因为这些选项本身的可能性很小。

这一心理模拟或情节构建的过程正是创业者要经历的过程。他们会经历从商业计划到高价退出的精神之旅。从市场调研、产品开发、组织构建、营销、发布到最终高价卖给竞争对手，一步步前进。

如果我们能够轻易地在脑海中勾画出成功的画面，并且关键性假设看似合理，我们就会认为成功的概率很高。如果在构造合理情节时十分吃力，我们就倾向于认为这种结果不大可能发生。构建和操控场景是创业这一创造性过程的重要组成部分。我们在创建未来情形时，关注的是促使成功的因果关系。然而，我们已经看到，为一种情形的全程构建细节对于成功的总体前景会起到极为负面的影响。从商业计划成功转变为市场领导者要经历许多步骤，每个步骤都有赖于前一个步骤的成功。市场调研需要甄别出可利用的机会，产品开发必须在开发的同时把成本控制在合理范围，必须聘请合适的人员来规划和执行产品发布，生产或服务交付必须按计划进行。成功取决于一系列重要事件。每一件事都是不确定的，而创业的总体成功却要求所有步骤的成功。

即便每个步骤都有 80% 的成功概率（也就是说，我们预计有80% 的把握通过市场调研确定机会），但还是有五个关键步骤，从数学角度来说，达成最终目标的概率是 $0.8^5$，约为 33%。然而，正如我们看到的，我们并没有以这种方式评估风险。我们没有把一切步骤的概率相叠，也不会对照累积风险来衡量总体收益。我们的焦点是某一个主要情形，以及一两个主要变体。我们选择从一步跳到另一步，关注最合理的情形，无视着累积概率正在大幅增加。于是，我们总会低估自己失败的概率，要么是因为误判了频率，要么是因为忽视了风险的复杂性。

## ⊃ 创业者的乐观与投资人的怀疑

或许现在我们就能理解，为什么在创业者无限乐观的情况下，风险投资家却对初创企业如此谨慎。一个企业要取得成功，并为投资人和创业者双方带来回报，这是一项有风险的业务。风险投资家喜欢有且只有一种风险，并且该风险有非常清晰的投资机会。例如，把成功的地区性业务推向全国、把全国性业务推向国际、在已经建立好的客户基础上增加一种新产品。对于老牌企业而言，其管理团队、其价格策略的市场接受度和生产技术已有根基，不会带来巨大风险。事实上，风险投资家最喜欢的莫过于没有操作性风险的投资。假如金融工程能利用高杠杆的银行融资释放价值，而不需要承担市场、管理或经营风险，那便更好了。相比之下，初创公司的一切都有待验证。沿着一条危险的小路一步步前行，其结果是未知的。对于创业者而言，这种情形再合理不过了。毕竟，他们花费了半年时间来修改商业计划，日复一日地，他们已经融入这一成功的剧本，信心倍增。这也就不难想象为什么在调查中有 1/3 的加利福尼亚州创业者相信自己 100% 能获得成功。但是专业的投资人有两种不同的视角。其一，他非常清楚初创企业获得成功的基础比率。也许仅仅是因为他之前在初阶投资中亏了钱，并且对这些失败记忆犹新。其二，从外部看这个商业计划，他更能意识到单独风险相叠加给总体成功带来的影响。他不会把每一个步骤都视为通向荣耀的必经之路，而是视为一系列相互依赖的风险。一步走错，满盘皆输。

创业者沉迷于其商业场景，日子长了，便很难退后一步听取别人对这个机会的意见。我们可以把这些不同的角度归结为"当局者"和"局外人"视角。当局者视角就是创业者的视角，其关注点是问题和内部变量，通过控制和改变内部变量来达成目标。而局外人视角则不管这些特定细节，只关注这类项目的基础成功率。不同的视角利用不同的信息集合来对同一情形的概率进行估算。当局者的观点倒不一定是错的。要想完成任何一项复杂的任务，信念和信息都是必不可少的。然而，作为创业者，你要意识到另一种观点的存在。如果你希望校准自己对于成功概率的判断，你就必须做好准备，站在局外人的角度往里看。你得以其他人的视角来看待自己的商业计划。创业者常常把投资人的多疑归因于缺乏见识，既不承认其局外人视角的效用，也不承认他们对于基础比率的认识比自己高明。

然而，创业者仍然有机会提升自己的"当局者"思维，即创建更多的现实场景，准确地对成功做出判断。只要多花些时间去设想该项目未来功败垂成的情形（我们通常很少愿意在这种事情上花时间），就能达成这一目标。然而，如果你愿意主动花时间思考创业失败的原因，你将以更为客观的态度看待成功的概率，不仅如此，对于必须应对的关键问题，你也将有所理解。你能举出最容易导致失败的三个原因吗？缺乏资金、竞争对手的反应、无法招募到必要的专业能手、市场的时机（太早或太晚都不行）、营销不力或客户冷漠等上百个其他因素都可能导致经营失败。尽管煞风景，但是，比起换汤不换药地不断重复同一成功场景，这些对未来场景的设想更能帮助我们理解风险。蒙特卡罗模拟能生成数以百万计的场景，我们没有精力一一关注，但是，为了对成功概率形成现实的理解，我们必须考虑一系列或好或坏的可能性。

## ⊃ 过度自信的诅咒

到目前为止，我讨论了创业者对于自身成功概率的错误判断，他们要么曲解了概率，要么沉迷于成功的脚本。不过，在评估自身前景时，我们的大脑还会耍另一种花招。我们整体高估了自己对结果的影响力。我们并没有自己想的那样好，却自以为一切尽在掌握。

专业人士倾向于高估自己的判断力。但是，即便是在不涉及特殊专长的日常情形下，每个人也都有这样的缺点。作为业余投资者和选股人，我们对自己的能力表现出的过度自信已经成为经典案例。巴伯（Barber）和奥登（Odeam）对牛市中股市上涨 17.9% 时的个人股票投资组合进行了研究。个人投资组合的平均表现比整体市场低 1.5%。然而，在交易最活跃的 12 000 个投资组合（占样本的 20%）中，为了实现收益最大化，投资者试图利用自己的专业知识调整自己的选择，但这些投资组合的回报率比市场整体水平足足低了 6.5%。在后续研究中，他们研究了男性和女性的不同策略，发现男性的表现不如女性（尽管二者皆表现不佳）。与女性相比，男性的定性较差，不大能坚守最初的股票选择。一年内，他们的投资组合有 3/4

发生了变化。相比之下，女性的投资组合的平均变化比率只有一半。虽说女性的收益相对较高，但这并不是因为她们选择的股票更好，而是因为变化较少，所以交易成本更低。这些男性自负地认为可以通过调整投资组合来持续提高业绩，但事实上，这非但没能改善选股，甚至还导致佣金利润缓慢流失。二者（男性尤甚）都有一种没缘由的信心，认为自己能够筛选出超越市场表现的股票。但其实他们并不具备这种能力。

　　为了说明过度自信对于创业者判断的影响，卡默勒（Camerer）和洛瓦洛（Lovallo）做了一个非常简单的实验。该实验采取了游戏的方式，一共有 8 位玩家（大部分是商科学生）参与。在游戏的每一轮，玩家既可以选择进入这一轮，也可以耐心等待下一轮。在决定是否进入比赛之前，学生们会被告知每一轮获胜的人数，数字为 2~8。每一轮都给玩家发奖金。例如，在一轮游戏中宣布有四位获胜者，其所获奖金从 5 美元到 20 美元不等，而未能赢得奖金的玩家则必须付出 10 美元。玩家必须凭借这些信息，以收益最大化为目的，来决定是参与这一轮，还是坐等下一轮。这个游戏采取了两种玩法，一种是随机分发奖金，另一种是根据玩家解决谜题和回答小问题的能力来分配奖金。在奖金随机分配的情况下，学生能从游戏中赢钱。这是因为，根据奖金的数量、获胜的概率以及参加的成本，他们可以准确判断每一轮游戏是否值得参加。然而，一旦涉及技术，很多根本赢不了的学生也会进入这一轮。他们并不认为自己比一般人幸运，却自以为技高一筹，尽管他们知道，能参与这项研究的学生都通过了技能或知识测试。在碰运气的玩法中，学生对前景的判断很准确，但在讲技术的玩法下却判断不力。他们高估了自己对抗竞争对手的能力。

设计上述游戏的研究者卡默勒和洛瓦洛以"参照群体疏忽"（reference group neglect）来描述这一现象。我们清楚自己的能力，但却不承认别人的能力，因而高估了自己获胜的概率。为了论证参照群体疏忽，他们引用了沃尔特·迪士尼公司主席乔·罗斯（Joe Roth）关于不同工作室扎堆选择同一个假日周末上映大制作电影的解释："是狂妄。就是因为狂妄。一想到自己的公司，你会觉得，我有优秀的编剧部门，我有优秀的市场部门，所以我们就要勇敢出击。你没想过别人也是一样的想法。"太多玩家进入这个市场。他们自负才高，却无视竞争，所以，一部分人注定要失败。

参考群体疏忽不是一个经常在扑克牌桌上听到的词语。但段位较高的玩家会认同这一概念。只要拿着一副好牌，人们就很容易忽视对手，不停地下注、加注。你的牌固然好，却未必是牌桌上最大的牌，在你怀疑对手的牌更好的时候，必得经验老到、能够准确解读对手的玩家，才能做出放弃这手好牌的决定。这个概念在商界和在牌桌上是一样的道理。同创业者一样，管理团队会花很多时间与"局内人"视角的人共事。专注于自身团队与实力的他们，会低估竞争对手的产品。同样遭到忽视的，还有竞争对手改变战略、创新或积极应变的能力。我见过太多这样的商业计划，他们拒不承认竞争对手应对新产品、新销售的能力。

# ⇒ 商业计划：规划性错误和控制错觉

在反思创业者这一腔热情的过程中，我将本书反复出现的两大主题结合起来。管理者不会按照决策理论家的逻辑做事。他们不会通过最大化预期效用（潜在财务后果及其出现概率的产物）来抉择。管理者似乎不精于理解和计算概率，他们只关注一两个极有可能发生的情况，却不计后果地忽视大量低概率事件。而且，管理者相信未来是可预测、可掌控的：制订复杂的长期计划是可行的；风险是可以管理的。他们对自己的掌控能力有着不可动摇的自信。这种一切尽在掌控的错觉在玩骰子的赌徒身上得到了很好的说明。比起在掷完骰子，点数尚未揭晓之时，他们在掷骰子之前下的赌注更大。这个赌徒有一种错觉，自以为对结果有一定的控制力。因此，他选择在有机会（虚幻的）影响投掷的时候加大赌注。

这两种自负的管理心态（能够掌控事件以及做出准确的长期预测）在商业计划中得以结合。这可以是任何长期的商业预测，但在本章的背景下，特指为确保资金而制订的三至五年计划。这种商业计划将针对某一种情况，使之明朗化；它是一个关于成本、收入、竞争对手反应、市场增长和宏观经济表现的五年预测。商业计划中的评论可能包含一些简单的情况分析（一些不同的市场增长或市场份额假设的数据再现）。但从本质上说，这只是针对某一种情形做出的五年预测，是一张容纳了大量不必要细节的电子表格。可是，这些商业计划有时却变成了对投资者的承诺（我曾见过这样的投资协议，假如商业计划连续三个月与实际不符，投资者将获得对该公司的整体管理和财务控制权）。把商业计划当作一个五年的承诺，可能会让管理团队处于守势，虽然迎合了投资者，却可笑地歪曲了规划的现实。创业者的商业计划最终成为投资者和被投资对象（或总部和运营公司）之间权力不对等的象征，也变成了一个错误，认为管理者可以做出长期的未来规划。这是一种规划性错误，其根源在于人们的一种共同信念，认为管理科学可以解释一切。照此逻辑，勤奋的管理者可以信心满满地对未来做出预测。过于细致的计划和持续的自信膨胀是一种危险的组合。或许 2/3 的创业失败率并不令人惊讶。

最近，我正在为第三方投资准备商业计划，也在为其他管理者打算投资的商业计划做审核工作。商业计划书有其作用，但我认为它不是对投资者的承诺，它只是某一位候选人的简历。商业计划提供了一个机会，方便管理团队展示自己对市场和客户的了解，以及对成本与销售价格的关系的认识。管理团队对于第 37 个月的销售预测毫无价值。面对不可预测的市场，出色的决策能力就是一切。

## ➲ 创业的魅力

在一些行业中，名声和财富是少数幸运儿的战利品。电影、音乐和体育行业把他们最顶尖的从业者变成了千万富翁，并赋予他们偶像般的地位。一方面，对于一个从行业底层起步的年轻人而言，就好比买了一张彩票，如果中了头奖，就可以改变人生，但这种可能性微乎其微；另一方面，底层的生活举步维艰，报酬也少得可怜。在互联网热潮的催化下，创业在过去几年里成为一种备受追捧的活动。我们最钦佩的商界人士不是屹立数十年的企业掌门人，而是赌上一切、特立独行的创业赢家。因此，或许对成功概率的一切评估都无关紧要。创业成功所带来的财富和地位诱惑巨大。即使中头奖的人凤毛麟角，每年也都会有成千上万的人前仆后继。这其实就是职业选择的赌博，成功的机会渺茫，奖金却特别多。如果这笔奖金能引发足够的情感冲击，我们就会忽略中奖机会的渺茫，去买一张彩票。

## ➲ 必要的自信与等待时机

过度自信的一个理由是，它是行动的重要组成部分。如果我们都能客观地看待自己那并不太光明的前景目标，那便什么也做不成。作为个人，我们其实需要一点过度自信的心态。我们可以分辩说，作为管理者或创业者，相信自己能够改变世界并努力尝试（即使失败的概率很高），总比躲在家里自暴自弃好得多。但我的建议是针对管理者个人，而不是针对整个社会。大部分创业者一生只有一次机会，只有幸运儿才可能遇到几次机会。对成功的可能性进行客观的评估，并不是停止折腾的借口，反而会提醒你充分利用手中的机会。

　　我对工商管理硕士研究生表述过这一观点，他们之中的很多人正在规划创业生涯。他们把我的观点理解为劝人不要冒险的一般性建议。我要用扑克牌中的一个比喻来做出回应。一整晚，你的手气都很差。拿不到好牌的你开始感觉无聊。最后，你终于得到一副还不错的牌，你便相信这是你一直在等待的那手牌。尽管你对这手牌的质量以及对手的能力尚有疑虑，但沮丧和厌倦占了上风，你一头栽进去，做出一大笔加注。这毕竟是你今晚最好的牌，如果此时还不下注……我也曾目睹创业者做出一模一样的事情。他们厌倦了公司的工作，渴望感受创业的魅力与激情。一旦遇到一个像样的、能够支撑合理商业计划的点子，他们就会支持。他们不会花时间去质疑自己直觉的来源，也不会思考这种直觉是否有根据。对于创业者和扑克牌玩家，我会给出同样的建议。若要为一手牌赌上全部赌注，请务必确保这手牌足够好。倘若仍有疑虑，那就该放弃，等待下一次机会。你也许会得到更明朗的机会（记住择偶的37%规则，看过1/3的选项之后，选择第一个出现的最佳机会）。对于创业者而言，道理亦然。你也许只有一次机会，所以要确保这是你能得到的最佳机会。如果遇到一个"还行"的机会，不如弃之以待来日，不要因为时机合适，或是为了没缘由的乐观而坚持。如果不够乐观和自信，你永远做不出创业的决策，但你必须尽量确保这种自信具备充分的依据。

## 换言之……

即使没有敏锐的直觉指导决策，我们仍然可以相信自己具备创造成功的能力。但遗憾的是，这种自信往往被放错了地方。在进入一个不熟悉的领域时（这于创业者是家常便饭），我们可能对自己成功的机会判断失误。我们低估了失败的可能性，因为我们看到的创业成功案例远远多于失败案例。我们所构建的未来场景总是沉浸在成功的喜悦之中，忽视了可能导致失败的因素，于是，当局者迷，形成我们虚妄的自信。相比之下，"局外人"会以更为批判的态度看待其基础概率。这种过度的自信让我们误以为一切尽在掌握，这是一种自以为可以对未来进行靠谱规划的盲目自信。

## 这意味着……

- ☆ 不要急于抓住第一个创业机会。你的一生没有多少机会，所以就同玩扑克牌一样，你应该等待最好的机会（记住"37%法则"，划定 1/3 的范围，然后做出最佳选择）。
- ☆ 尝试找到相关的基础概率，并将之纳入考虑。基础概率低并不意味着不该继续，但它会提醒你睁大眼睛去冒险。
- ☆ 通过思考成功和失败的场景来改进你的"当局者"思维。
- ☆ 在制订商业计划之余，抽出一些时间来观察局外人的看法。

☆ 商业计划只是众多未来可能性中的一个。永远不要说服自己
　或别人相信它是事实。

## 经验法则

♥8　以局外人的视角来看待你的商业计划。

♥6　不要迷信自己的商业计划，它只是无数未来可能性中的
　　一个。

**我** 在第 9 章提出了"离乡背井"做决策的两种策略：追随赢家、起用专家，本章聚焦于这两种策略所带来的问题。我将详细研究过往的成功经验，解释为何在将运气与技能相剥离的过程中，人们会经历难以想象的困难。我还将探讨在陌生环境中起用专家向导可能出现的问题。他们了解情况，但你仍需加强防范风险的意识。我先从自己十三年的成功历程说起。

**11**

CHAPTER

第 11 章

**赢家与专家的问题**

## 案例：完美的战绩

论及投资，大多数人谈不上经验丰富。我们在为资金选择投资项目时，大都是"离乡背井"的决策者（我们是外行，没有专业人士的经验和信息）。因此，找一位专家，一位财务经理代为决策似乎合情合理，而且必须挑选一位战绩最辉煌的人士才说得过去。我们的想法是：过往的表现就是对未来业绩的最佳预测。我们追随赢家。

彼得·林奇（Peter Lynch）是美国基金管理行业的传奇人物。在 1977—1990 年，他负责管理富达麦哲伦基金。在他任职期间，该基金的表现令人惊叹。到了 1990 年，1977 年的 1 万美元投资价值 28 万美元——平均年回报率逾 29%，在他执掌该基金的 13 年里，有 11 年的回报率超越了标准普尔 500 指数。我们应该还记得，这期间还发生了 1987 年的崩盘，全球市场下跌 23%。没过多久，投资者就注意到了这位明星人物。该基金刚成立时，管理资产只有 2 000 万美元。由于精明的投资者慧眼识珠，也因为他们希望自己能分享这份成功，到了 1990 年，这个数字已经膨胀到 140 亿美元。成功的传奇延续得越久，涌入的投资者就越多。彼得·林奇凭借其卓越的判断力闪耀了十余年。

## ⊃ 运气来了挡也挡不住——体育竞技中持续的好运气

体育竞技也是一个胜者为王的领域。竞技者时而状态良好，时而状态不佳；"火"的时候连连取胜，不"火"的时候节节退败。足球运动员可以一场接一场地进球，也可能半个赛季进不了一个球。运气来了，篮球运动员可能每每投篮必中，但下回也可能要面对每次投篮都失利的情况。如果想知道接下来谁会得分，就按照体育迷都懂的道理做：选择胜者。我们应该这样做吗？

美国体坛受统计数据主导。每个运动员的表现都被记录下来，并进行非常详尽的研究。这为统计学家提供了异常丰富的数据来源。在篮球界，这些数据被用于回答一个简单的问题：篮球运动是否存在"运气来了挡也挡不住"的现象？如果一个球员在最近的两三次尝试中投进了一球，那么他下一次投进的概率会高于平均吗？换言之，运动员是否真有持续的好运气，最近的表现是否会影响到下一次投篮？还是说，这是一种随机现象，成功的概率与最后一次或连续的投球结果并无关联？

事实证明，职业篮球运动员大约有 50% 的投篮是在赛程中完成的（不包括罚球）。所以，这个问题好比在问：篮球场上一连串的投中与失误是否不同于随机连续抛出硬币的正、反面。老实说，如果你去问球员、教练或者球迷，这问题会显得相当愚蠢。当他们被问及是否相信篮球中有连续进篮时，91% 的人认为在两三次成功投篮后，成功的概率会更高。这些观看比赛、参加比赛和指导比赛的行家确实相信有连续进篮这回事。那数据又是如何显示的呢？

在对费城 76 人队 1980-81 赛季数据的研究中，研究人员没有发现以往的成功或失败会影响下一次投篮的证据。从数据上，也看不出有连胜进篮这回事。事实上，在九个被研究的球员中，有八个表现出轻微的负相关（失误后的平均投中率是 54%，中一球后的平均投中率则是 51%）。该研究也观察了连胜或连败的平均长度以及罚球数据，并得出了相同的结果。没有发现相关性，每一次投篮都是独立的，每一轮投球都是新的开始，其结果并不会受到前一次投球的影响。这个结果缘何令人惊讶？因为我们自以为知道连胜的原因。我们构想出一个可能会影响投篮结果的合理场景。我们以为自己找到了因果关系。因为球员累了，失误就开始变多；因为投中的球越来越多，球员就变得更加自信（我们以为自信是场上表现的关键因素）。但是，无论你以何种方式看待这些数据，它们所展现出的序列都与随机序列无异。

人类非常善于发现规律，善于找出原因和做出解释，也善于讲故事。我们会在一堆随机数据中发现指明动机和原因的信息，这似乎是我们的一种本性。这也是管理学理论的魅力之一，我们用这些理论来解释过往的成功与失败。许多理论其实只是故事，是一些合乎情理的传说，它们给我们以（不合时宜的）自信，令我们相信自己具备掌控事件的能力。我们认为，无论是体育、投资，还是管理，每一个成功的背后都有原因。只要有原因，就可以控制并预测表现。

但是，当我们看数据时，这种顺序却表现出随机的特征。这并不意味着某些运动员、选股人和管理者技不如人（稍后我将在本章讨论这一观点）。但是在篮球运动中，从一次投篮到下一次并不存在记忆，这与那些经常打篮球和观看比赛的人的观点背道而驰。我们自以为发现了续发事件并提供解释，但实际上，它们是随机的。支持胜者的下一次球并无根据。试着把这件事告诉球迷吧，因为他们认为把球传给一个连胜的球员至关重要。

## ➲ 追随股市里的赢家

同美国体坛一样，上市公司的上市价格也是统计学家的数据来源。已有许多研究对公司个体和投资基金的价格表现进行了分析。在体育竞技行业，违抗公认的智慧会惹人侧目，但发现股价和基金业绩的规律却是一条财富之路。在数百个关于股票和基金价格波动的研究中，我只关注共同基金经理的表现（彼得·林奇的同行）。这项研究试图回答这样一个问题：基金在某一年业绩良好是否预示着来年的业绩良好？我们好奇球员之前的表现是否会影响其后续投篮，同样，我们现在好奇的是，你能否凭借业绩断定，今年业绩最佳的基金经理能蝉联明年的冠军。这项研究涵盖了 1962—1993 年间所有已知的共同基金。每一年，根据收益将基金分为十组，如前 10% 组，后 10% 组等。这项研究考察了排名前 10%（业绩最佳）的基金，然后在接下来的几年里对这些"赢家"进行追踪调查。

如果这些基金的业绩是随机的，就可以预测，在下一年，这些前一年的赢家会平均分布于这十支基金之中。但这与研究的结果并不相符。前一年的赢家在第二年显示出了回到冠军行列的趋势（如果随机分布的概率是 10%，现在它们大约有 20% 的机会）。这里存在一种冠军效应，胜者确实会取得（一定程度上的）连胜，尽管前一年的赢家出现在第二年业绩最差的组别的概率大于 10%。然而，你豁出毕生积蓄追随今年的佼佼者，这种效应却只持续了一年。到了第二年，这些基金的业绩平均分布在所有业绩区间。在共同基金管理中，冠军效应的影响很小，并且转瞬即逝。在第二年之后，不管花多少钱来分析和剖析所有明星基金经理人的投资策略，结果都毫不意外地与随机分布无异。今年的明星也可能沉寂下去（即便明年不会，后年也一定会）。读到这里，许多读者会说："多年来，我通过选股获得了丰厚的收益，这个家伙真是不知所云。"其实，就算有一半的读者说出这样的话，我也不会感到惊讶。但毫无疑问，一切关于随机事件的讨论都是对公认事实的回避。有些企业管理者、扑克牌玩家和基金经理懂的更多，更勤奋，而且比其他人更富于技巧。我们该如何理解运气与技巧的关系？

## ⮞ 舍夫林的硬币：一项思维实验

赫什·舍夫林（Hersh Shefrin）在其著作《超越贪婪与恐惧》（*Beyond Greed and Fear*）中描述了一个简单的思维实验，帮助我们理解运气和技能之间的紧密关系。他的思维实验模拟了基金经理的工作方式。假设 5 000 名基金经理每个人都得到一枚硬币（每枚硬币都有正反两个面，其中 1/3 一是金币，1/3 是银币，还有 1/3 是铜币，这些硬币被随机分配给 5 000 名管理人员）。每位基金经理每天得抛 10 次硬币，并记录下得到正反面的次数（每天做 10 次 2 元决策，他们要做的仅此而已）。基金经理每扔出一次正面可得到 1 美元，扔出反面则什么也得不到。我们预计每位基金经理平均一天会获得 5 美元收益。在每一天的活动结束时，我们会收集所有基金经理的结果并予以公布，以方便公众对他们掷硬币的能力进行评估。头一天的报告显示，38% 的基金经理抛硬币的回报超过了基准的 5 美元，6 位基金经理抛出了令人惊讶的 10 次正面，赚了 10 美元。

我们如何选出能在第二天跑赢基准的基金经理？如果所有硬币都是平均的（正、反面的概率各 50%），那么过往的记录就没有用，从统计的角度来看，38% 的基金经理可以在任何一天击败基准。但是接下来舍夫林让我们思考硬币分布不均的情况。金币得出正面的概率是 55%，银币是 50%，铜币则只有 45%。但我们只能看结果，因为我们不知道他们使用哪种硬币。假设我们希望得到 7 美元的回报，也就是抛出 7 个正面，比基准多出两个，我们就会希望识别出使用金币的经理。假如一个经理的历史回报率是 7 美元，那么他使用金币的概率有多大？结果竟然只有 47%。也就是说，你所选择的人拿银币或铜币的概率更大。甚至一些使用弱势货币的经理也会幸运地出现在业绩表的顶端。我们永远不知道谁的判断力更出色，因为我们所拥有的只是过往的战绩，而要解读这些战绩实则非常困难。

当然，不同材质的硬币只是一个比喻，象征着基金经理们在能力、经验和判断力方面的差异。在众多经理之中，总会有一个人或者几个人的表现超越基准。而这位经理使用的可能是铜币。然而，基于战绩，我们会认为他们洞察力非凡。我们会假定这是一种因果联系（他们具有特殊技能），并且牢牢抓住他们的每一个观点。

无论何时玩这个游戏，你总能发现明星。有的人总是很幸运，而一些使用金币的人虽然拥有更好的"判断"，但却会在业绩表中垫底。

## ● 企业管理者的运气与技能

很明显，舍夫林关于金币、银币和铜币的思维实验同样适用于扑克牌游戏。一些玩家的技巧更强。他们对概率具备更好的理解，能更好地解读对手的玩法和手牌。一些玩家手握金币，也有一些玩家只能使用贱金属硬币。但这并不妨碍手握金币的扑克牌玩家在短时间内被孤注一掷的弱势玩家击败。尽管这种可能性极小，但最终弱势玩家还是赢了。我们即刻将此归功于胜者的伟大。

在企业管理领域，我们的能力和经验水平不尽相同。我们每年在不完全的信息下做出成千上万的决定。有些微不足道，有些则是颠覆性的。我们不能否认运气在决策中的作用。我们的判断总是建立在不完整的信息之上，有时会得到良好的结果（硬币的正面），有时则不能（反面）。由于我们无法准确地预测未来，所以每一个管理决策都包含运气的成分。在决策时，每位管理者都是在抛硬币。在某些情形下，这些硬币给出正确结果的概率是 90%。但在另一些情况下，它们却没那么可靠。但无论结果如何，我们总是无视运气因素，把一切成功（以及一切失败）都归因于决策者。失败是因为决策者差劲；成功也是因为决策者优秀。我们会提拔成功的管理者；忽略或解雇失败者。这其中有没有幸运的傻瓜得到提拔，有没有聪明的失败者遭遇解雇，似乎都不重要。我们不知道他们抛的是哪种硬币，只能以结果判断。每个大机构都有几个幸运的傻瓜。或许你也可以在自己的公司列举出几个。

**但我们可以通过一些行为线索来划分聪明的失败者和幸运的傻瓜。在扑克牌游戏中，处变不惊是优秀玩家的标志。因为他们知道，即便形势于己不利，他们也有能力做出正确的决定。**当事情发生时，他们不会大喊大叫，埋怨自己（或庄家）的运气。他们会平静地接受打击，等待下一手牌，因为他们知道，从长远来看，自己会取得胜利。不停地怨天尤人是弱者的标志。因为他们需要好运的加持才能获得好结果。

在工作中，如果懂得游戏规则、能够评估风险、对广泛的信息及其后果足够敏感，并且能够接受不确定性，那么，精明的管理者就能得到无数线索。优秀的管理者不会基于单一决策的结果去了解决策者的魄力，他们会通过其应对任务的方式和决策过程，以及数十次决策方式和不同结果去了解。不要解雇那些你认为手握金币的管理者，即使他们目前的业绩不佳。天长日久，他们总会给你回报。如果你选择支持失败者而不是赢家，从长远来看是有可能得到回报的。企业的成功与过去的辉煌没有必然联系，这已经在第 9 章中安东尼·费雪的发迹与破产中得到佐证。根据历史业绩来挑选最佳管理者是很困难的，这是因为，在不确定的情况下，支持曾经的赢家并不能保证成功。

## ⊃ 起用专家

何谓"专家"？专家是指在某一特定领域拥有大量一手经验的人；能够在一个决策环境中发展自己的直觉和判断力的人。如果说，对我们而言，某一领域是新事物，但他们却具备可靠的判断力，那么他们就是有价值的。除了源自直接反馈的经验和直觉，专家们通常还知道哪些理论模型可应用于某一情况。顶级专家不仅具备你所缺乏的第一手经验，而且具备将自己的知识运用于广泛情形的理论准备。在经验和概念理解力的有力结合下，专家就能够做自己最擅长的工作——识别规律。

识别规律是一种能力，要求对复杂情况进行观察，并对构成规律的不同线索进行识别。医生会在一系列症状中发现一种规律，而这种规律在未经训练的人看来可能并无关联。工程师能够发现某一零件即将失灵的预警信号；收购专家能识别表明收购后业绩将低于预期的信号。于是，这个建议似乎非常明确。当你"离乡背井"做决定时，可能正好需要一个经验丰富、训练有素的专家作为向导。就像置身于陌生地域的探险家，你聘请一位了解这块地形和风俗的向导（这笔钱应该花得很值得）。然而，你应该意识到两个问题：专家并没有你想的那样好；顺着你的心意说话比直言不讳更加符合他们的利益。

## ➲ 专家的过度自信

何谓过度自信？简单地说，就是专家自以为正确的判断往往并不符实。其判断准确性不高的论点，已在不少以医生、临床心理学家、律师、谈判专家、工程师和安全分析师为对象的研究中得到大量佐证。他们一如既往地对自身判断的准确性表现出过度自信。甚至于有评论人认为专家"往往是错的，且这一点很少有疑问"。我们在第 8 章看到，只有当反馈及时且明确时，专家才能做出精准的判断，天气预报和桥牌玩家也一样。事实上，天气预报的准确性仅限于定期的、高概率事件，例如，降雨。当你验证天气预报员对龙卷风等罕见事件的判断时，同其他专家一样，他们也抱有偏见，可能高估罕见事件发生的概率。就像医生和心理学家会对罕见病症过度诊断，律师也会过度强调低概率结果的可能性。这是一种在多种情形下持续被观察到的行为规律，并且很难消除。

并非只有专家才会对自己的判断过度自信，人人都有自负的时候。较之外行人，专家的好处是，在可预测性较高的情况下（例如，明天下不下雨），他们不大容易过度自信；但在可预测性较低、数据令未来预测变得极其困难的情况下，专家比外行人更倾向于过度自信（例如，明天会刮龙卷风吗）。对精神病患者的行为，或者对某一特定股票价格的前景做出特定预测是非常困难的（可预测性很低），但是专家们会被自己复杂的模型迷惑，导致自信心膨胀。他们的判断力并不如自己想象得敏锐。这种膨胀的自信从何而来？如果你用一枚硬币掷了五次，并连续掷出五次正面，你应当印象深刻，因为五次正面不是一枚正常硬币会掷出的通常结果。我们以这个证据为立足点，对证据（仅仅五次的投掷）的"分量"并不强（在统计意义上）这一事实相对不那么重视。我们自负地认为这枚硬币是有偏向性的。

假设你为公司的某一职位面试一位求职者，如果我们认识一些在类似工作中表现优秀的人，了解他们身上的特点，而这位求职者也具备这些特点，那么我们就会直觉地认为他也同样优秀（即便他拥有的这些特点并不重要，例如，性格类型、兴趣和外表）。我们非常注重该求职者与"理想"求职者之间的密切联系。对于相关经验、教育培训、能力评估等能够真正预测业绩的信息，我们利用得并不好。我们对该求职者是否合适已有定论，运用这些信息也不过是略加调整。我们依靠强烈的直觉判断，对真正的预测数据只做很小的调整。

医生会把病人的症状归为自己研究了 20 年的疾病的典型症状，对这种疾病的诊断频率超出了合理范围，却没有充分考虑到该病症在一般人群中的潜在发病率。专攻重组的管理顾问会识别出耗费了自己整个职业生涯的模式。他会做出自己的诊断，坚定信心，着手进行重组。这就是专家的做法，这样没什么不好，除非病人并没有生这样的病，或者公司并不需要重组。但这种情况比专家想象得更常见。

## ➲ 专家首先要为自己负责

我们都知道这样一个原则：顾问的利益和客户的利益并不总是完全一致。我知道这是一个风险，对于客户来说，符合顾问利益的未必是最好的。不过，我们认为自己聘请的顾问都很正直。人们很容易相信，只要保持警惕和专业精神，任何自私的偏见都可以克服。然而，关于这种潜在利益冲突的研究却没这么乐观。

马克斯·巴泽曼（Max Bazerman）在这方面做了大量研究。他描述了一项实验，在这个实验中，他和同事向学生提供了某家公司可能被出售的详细信息。他们要求每个学生都为该公司评估收购价值，但为每个人分配了不同的角色，在买方、买方顾问、卖方和卖方顾问这四个角色中扮演其一。不出所料，卖方对该公司的估价高于买方。双方的顾问对于研究人员指派给自己的客户表现出强烈偏向。两位顾问也要给出个人估价，他们再次体现出对客户的偏向。为消除这种偏向，他们请一位中立的审计师给出公正的估价，以激励双方顾问给出客观估值。即便有了这样的保障，扮演卖方顾问的学生对该公司的估值仍然比买方顾问高出 30%。

之后，该研究团队又进行了一项类似的实验，实验对象是受雇于美国一家领军企业的 139 名审计师。他们拿出五种含糊不清的会计方案，每个审计师都要面对其中的一种。在 139 个人之中，有一半人担任公司的审计师，另一半人则扮演独立的角色。此处再次表现出对准客户的偏向。在扮演公司审计师的角色时，他们的报告和报表符合公认会计准则（GAAP）的比率比扮演独立角色时高出 30%。就连这种假设的、未挑明的客户与审计师之间的关系也足以扭曲专业判断。巴泽曼进一步根据安然事件（指 2001 年安然公司破产案）得出结论："与媒体和布什政府致力于找出和惩罚破坏美国财政体系的老鼠屎不同，这一研究的证据凸显了根深蒂固的制度利益冲突，让取悦客户的审计师得到奖励是导致这场危机的主要因素。"

## ⊃ 麦哲伦故事的后续

　　林奇（Lyuch）于 1990 年离开了麦哲伦。在他离职后的 16 年里，先后有四位基金经理上任。由于投资人对林奇这位强中之强的支持，不出所料，该基金的规模从 1990 年的 140 亿美元一路飙升至 1999 年鼎盛时期的 1 000 多亿美元，但如今已回落到 500 亿美元的位置。该基金的收益已经没了光环。总体而言，该基金的业绩一直贴近其指数，由于成本高，低于积极管理型基金。以十年的收益来衡量，在投资超过 200 亿美元的 15 家美国基金中，它排第 14 位。可是，掌管这一巨型基金的基金经理们在之前的基金管理工作中，都是业绩出色的选股者。或许该基金庞大的规模本身就是一个问题。这是因为，相比 200 亿美元规模的基金，要实现 500 亿美元的规模上的高增长只会更加困难。

　　那么，我们应该说林奇幸运吗？舍夫林（Shefrin）指出，纵观林奇 13 年来的业绩，他可以称得上是手握金币之人。他的判断力很可能比同行高明。不过，运气总会在 5 000 名基金经理之中选出一位赢家。只是，要在他们成功之前进行预测，则完全是另一回事。扑克牌玩家在几个小时之后会知道哪个位置是幸运座位，但在发牌之前，他可指不出这个幸运座位。

## 换言之……

当我们被迫脱离自己的日常经验，"离乡背井"做决策的时候，通常会依赖他人为我们做决定。这时，我们要么支持曾经的赢家，要么指定专家。然而，过往的成功并不像我们想的那样，能可靠地指引未来。仅凭结果，我们无法把运气和技能完全分离开来，我们必须基于总体行为做出判断，从长期表现中找出最优秀的人。

专家在某一特定环境中积累了大量经验，这正是"离乡背井"决策所需要的经验。专家判断的秘诀是识别规律，这种辨别能力因理论和理念而得到提升。但是，专家都过于自信，往往他们的判断力并没有自己想象得那样好。尤其是，专家会对其专业领域的罕见事件做出过度诊断。专家也会倾向于说出你想听的话，而不是给你忠告。

## 这意味着……

☆ 记住，经商的偶然性远远大于管理科学的描述。有些事情就这样发生了。

☆ 因为运气的因素一直存在，所以你不能断定失败的人就是傻瓜。你必须从他们的行为中找出线索，找出手握金币的管理者。

☆ 如果你缺乏在陌生领域做判断的必要经验，那就起用专家吧。

☆ 当专家在其专业领域范围内做出罕见的诊断的时候，请你保持怀疑的态度。

☆ 永远别忘记，专家会喜欢说一些你爱听的话。

## 经验法则

♣10　如果只看结果，你将无法区分技能和运气。

♣J　赢的人可能是傻瓜，输的人也可能是智者。

♦9　专家的判断或许比你强，但也可能没有他们自以为的那样高明。

**我**在第 9 章提出了一个难题，既然良好判断力的基础是经验，那么，如果缺乏能够指导直觉的直接经验，又该如何决策？但这个问题似乎并没有削弱创业者长期以来的乐观和过度自信（见第 10 章）。尽管有反证，但我们依然继续信仰着自己的掌控能力，因此，我们比自己想象的更容易陷入失败的境地。第 11 章聚焦于支持赢家和充分利用专家的问题。本章将更详细地介绍"绘制地图"的策略，帮助我们在不熟悉的环境中创造价值。为找到灵感，我参考了 20 世纪 90 年代开发的极限编程方法。这是一种在快速变化的陌生环境中采取的决策方法，强调尝试、失败、快速学习的重要价值。这一关于快速探索和描绘陌生事物的新型比喻，与管理者口中的工作职责高度契合。

**12**

CHAPTER

第 12 章

# 绘制地图与规划谬误

## 案例：迷失在树林

　　肯特·贝克（Kent Beck）和马丁·福勒斯（Martin Fowlers）的著作《规划极限编程》（*Planning eXtreme Programming*）以一个真实故事开篇。在肯特 10 岁的时候，他第一次同朋友们一起去钓鱼。他们整整一天也没找到溪鲑，决定打道回府。很快，他们恐惧地意识到自己迷了路。小肯特开始惊慌失措，他呼吸急促、双眼模糊、浑身湿冷。同行的一位朋友提出了一个计划。他们知道在自己头顶的山脊上有一条伐木人走的道。只要往山上走，他们就能走到那条路上，并走出树林。几秒钟后，肯特的症状减轻了。因为他们有了计划。

## ⬭ 极限管理和规划陷阱

　　在 20 世纪 90 年代，软件项目变得越发复杂，也越发雄心勃勃。在那 10 年里，我正经营着某国际集团旗下的一家出版公司。我们的账单和仓储系统都由一台大型计算机运行控制，它完成了 20 年前规划时要求其履行的一切工作。然而，新的时代提出了新的要求：需要新功能以支持广告直邮与客户服务。我们委托制作了一套新系统，并为其开发拨出了 75 万英镑的预算。在接下来的六个月中，团队内部的开发团队制订了详细的项目计划。举办了研讨会，领会了必备条件。我们在纸上描述了每个过程的逻辑，定义了每个屏幕输入，并精确地制定了体系结构。经过这一过程的仔细考虑，我们最终得出一个规划。每件事都有详细的说明，使用最新的项目规划工具制订出一个项目规划，该规划充分承认了此过程中每个部分的相互依存关系。事到如今，只剩下最后一个问题。这项规划花了我们 50 万英镑，占预算的 2/3，却连一行代码都没写出来。我们有的只是一个规划而已。

　　这是一个可以重复数千次的故事，而且预算比我们大出几个数量级。在 20 世纪 90 年代过程驱动软件项目失败后，一种新的软件开发哲学出现了。这种方法消除了传统项目管理的巨大规划开销。极限编程运动诞生了。也许通过肯特·贝克关于开车的类比，我们能快速理解极限编程的理念。当你驾驶车辆出发的时候，你的心中有一个目标，你大概了解自己要走的路线。当然，目标和路线都可能发生变化。主干道上拥挤的交通可能引起路线变化，道路封闭和改道也会如此。就连目的地也可能因为会议的取消或场地的变化而改变。改变的不仅仅是你的目标，每隔几秒，你还会调整方向以避开车辆、行人和数秒前无法预见的其他障碍物。同开车一样，项目管理是一项需要不断指导的过程，在此过程中，甚至连目标都可能发生变化。将此与传统项目管理可能采取的方法进行对比，如果把每一次的方向变化详细记录下来，时间可能已经过去了。如果你以这样一个计划来开启旅程，就会因为糟糕的交通或者地点的变化而不得不重新制订计划。贝克将传统项目管理的特点归纳为"瞄准，预备，开枪"，需要大量的规划和准备，然后期待毕其功于一役。极限编程项目管理则是"预备，开枪，瞄准，瞄准，瞄准……"唯一的要求是在最后一次尝试中获得成功。

道格·戴卡洛也是极限编程运动的主要实践者和理论家，他领会了二者的区别，宣称常规的项目管理是对已知事物的管理，而极限编程项目管理则是关于未知事物的管理。管理未知事物的方式与管理已知事物不同。他提出一个定义："极限项目是一个复杂、高速、自我修正的风险项目，在其过程中，人们在快速变化和高压的条件下相互作用，以寻求理想的结果。"这几乎可以用来形容当今身处快速变化和陌生环境的一切商业项目。在传统的项目管理和自然科学式商业管理中，规划等同于预测。在某种意义上，创建一份翔实的研究计划是为了让大家对前景更加看好。项目管理者（其实每个企业管理者都不例外）所接受的训练和磨砺都是相信自己能掌控事态。他们凭借自己的知识和经验获得职权和高薪。他们相信，有了这些经验，再加上细致的规划，就能消除不确定性，这与他们老板的想法一般无二。用贝克的话来说，人们之所以要做计划，就是为了显示自己能掌控事态。然而，我们显然无法掌控事态，我们只能控制自己对事件做出的反应。

有评论者认为，极限编程项目管理不涉及规划，但事实并非如此。规划是必要的，但规划的重点是可预见的范围，而非遥远的未来。耗费数日对未来的细节做规划是毫无意义的，因为变化一定会发生。你所需要的是对目标的清醒认识，以及对可见范围的细节规划（记住开车出行的比喻）。对未来一年做详尽规划会耗费大量的准备时间，而且，更严重的是，它会塑造一种虚假的安全感。而我们之所以花费这么多时间去规划，大概就是为了得到这种安全感。我稍早在本章中提到的那家国际出版集团也曾有一个商业计划陷入这种规划陷阱。他们耗费了三个月的时间做准备，紧接着协商下一年的预算。每一笔收支都极其详尽。在三个月的间歇期间，我们独自管理这项业务。然后，旷日持久的规划周期开始了。我们要再投入三个月完成一项五年规划。由于遵守长期计划是奖励高级管理人才的重要方式，所以这项工作和来年的预算一样，需要大量细节。三个月后再次开启预算周期。你可以把极限编程项目的规划特点形容为及时规划。知道自己的目标并时常审视它。如果事情有变，你的规划就会脱离现实。你不得不改变计划，并不断调整它。这与传统管理者应对现实与规划不符的情况形成鲜明对比。他们拍着胸口承诺，会"按时按预算"提交规划，然后大家都会乐观好一阵子。极限编程的哲学基于这样一个设想：从长远角度看，诚实、准确的预测好过虚张声势、无法兑现的承诺。

这些传统管理方式是如何凌驾于大型项目，实则凌驾于一切管理过程之上的？它是通过设定并监控目标来实现的。这些目标是长期规划的副产品，如果该规划脱离了轨道，这些泄露内情的标准就会向管理者发出警报。根据我在大型企业的工作经验，针对同一批目标和关键业绩指标的月报告很快会变得没有意义。目标达不成，一再重复借口也没有用。不仅如此，就连数据收集也往往需要很长时间，甚至比衡量过程需要更多关注。贝克与福勒凭借其特有的智慧一语中的："收集数据的开支会吞没实际工作。这一过程会变得不人道，因为人们缺乏条理、容易分心、易受启发、难以预测，容易被一组数据分心。"极限编程的过程本质是一个发现的过程。其目标和路线都会作为过程的一部分经历发展，但我们往往认为目标及其实现路线是不变的。然后在这些基础上，我们开始制定详细的规划。极限编程所强调的不是固定的目标，而是价值和视野，当路线不明确的时候，每个人都可以用价值和视野来指导决策。极限编程的核心价值是围绕人员和过程构建的。这种以人为本的价值强调诚实和勇气。鼓励人们诚实评价，实事求是，而不是去迎合规划的说法。勇气也是必需的，因为极限编程承认规划的不确定性，每一分努力都有失败的风险。

　　虽然对人员价值的强调令人耳目一新，但只有体现在极限编程过程中的价值，才是在陌生环境中创造价值的核心能力。极限编程的过程鼓励迅速失败，并且要求首先关注最困难的问题。优先考虑最困难的挑战：尝试、失败、学习以及再次尝试。极限编程管理中存在大量规划，但皆针对短期目标，通常只提前2~4周，并且，在该规划周期结束时，对于成功（或失败）有着明确统一的标准。细致的短期规划是一个快速的周期，不断地重复着"预备、开火、瞄准"。还有一个关键过程价值是要求业务发起人和客户不断参与到过程之中。传统的商业规划是为一成不变、可预测的环境设计的，其客户目标和商业计划都是固定的。二者都可以分别由客户和高级管理团队预先签署，为详细的项目计划提供一个固定的参照点，然后在无须进一步涉及客户或业务发起人（瞄准、预备、开枪）的情况下实施。但极限编程管理过程的出发点却是：客户目标与该商业案例都会随过程的推进而变化（目标并非固定不变的，而是有待发掘）。因此，客户和商业赞助人都得参与这一过程：不是按传统的方式，仅仅在项目开始和结束时签字；相反，他们要全程参与对轻重缓急、成本和目标的再评估。极限编程让客户和商业赞助人融入这一过程，在项目的进展中做出回应并再次评估目标。

当某一项目偏离了方向，你可以考虑这两种方法论的应对方式，这样传统的项目管理与极限编程项目管理之间的区别就显而易见了。**传统管理的应对措施是加强控制，强化规划流程；而极限管理则回归指导价值与原则，将这些价值整合为框架，以便在变幻莫测的环境中找对方向。详尽的长期规划塑造了一个没有价值的环境（只能提供心理安慰）。这些就是在竞争环境混乱、不可预测并且商业目标随环境变化而突然改变时的项目。**我想现代商业管理者正是要在这样的环境之下传递价值。极限管理项目的方法论就是专为快速变化的环境而发展起来的，它能在传统的规划和控制无用武之地的情况下，创造出商业价值。

极限编程一开始便不是一个抽象的理论，它是快速变化的环境中的一种实际措施，能应对规划与控制的失败。较之决策理论按概率评估的结果，这一种管理哲学似乎更接近管理者对于风险的实际理解及管理。一旦否认长期规划的价值，管理者就必须回到不断调整和审查的原则之上，通过参考商定的价值来管理每一个步骤。在此过程中，价值是协商目标及解决方案的唯一指导。总之，在最富于挑战性的商业环境中，这种哲学是行之有效的，能够传递价值。

## ➲ 背井离乡，快速学习

在自己熟悉的环境中，我们可以是当机立断的决策者。这就是我在第 8 章描述的"家附近"决策法。而我在第 9 章提出的问题是，我们该如何在不熟悉的环境中做出良好的决策，所谓"离乡背井"做决策。在前几章中，我探索了用于"离乡背井"决策的几种成效不同的技巧：依靠过往的成功经验、复制他人的成功、起用专家做向导。在陌生环境下做决策，最有效的方法是快速学习，化陌生为熟悉。我们需要一个过程来帮助自己学习，在新环境中形成直觉性判断，既可避免刚愎自用，也可避开专家某些有失偏颇的言辞。这是一种为新地盘绘制地图的方法。

极限编程是一种方法论，它体现了当一手经验无法给予我们指导时，组织决策的最佳实践原则，其特点是：一个探索的过程不会贸然得出不成熟的结论；利益相关者的充分参与；用强大的价值观指导寻找与执行的过程。当我们离乡背井做决策时，极限编程有哪些可借鉴之处呢？

为回答这个问题，我将延伸极限编程者很喜欢的一个隐喻。请记住，他们承认自己是美国西海岸搞软件的一群书呆子，请原谅我。
场景如下：

> 一直以来，你的小公司很顺利地从你的家乡和附近的山上采集绿宝石，并将其制作成珠宝，经营得很体面。试想一下，这些宝石矿藏丰富且容易获取（露天开采没难度），却只见于最高的山坡上。你有理由相信，在位于河对岸的临近区域的高山坡上，也可以找到类似甚至更美丽的蓝宝石。但你从未攀登过那些出产蓝宝石的山，甚至连河对岸也没去过。对于在家附近找到绿宝石的要诀，你了如指掌，但是，你对于去外边采集蓝宝石的风险一无所知。尽管如此，你还是决定冒险进入那几座山，去采集蓝宝石。团队已经组建好，但作为一家熟谙极限编程方法论的公司，你将以一种非常特殊的方式来应对挑战。首先，你的团队里有公司的一位总监，他手握本项目的资金大权，可以在必要时提供资金，但是，假如在过河之后，你们得到新信息，提示该项目的前景不佳，他亦有权叫停这次探险。还有一位团队成员是销售总监。她既了解终端消费者，又了解珠宝店主的销售需求。她代表了顾客的声音，确保这次探险始终以向顾客传递价值为重点。
>
> 出发时，天气一点也不好。你的目标山脉隐匿在云雾缭绕之中，根本无法确认最佳路线。在极限编程方法论的指导下，你得迅速找到能避开一切重大障碍的进山路线。至于在

家附近采集绿宝石的路线设想，此时必然只能起到误导的作用。当物资、现金和商誉即将耗尽的时候，你却发现既定路线上横着一条无法跨越的河，这是不行的。你派出勘察队探路。在这块陌生的土地上，一切都是新的。就算是最不起眼的信息，也得让整个团队周知；当你在这条陌生地界慢慢探索路径的时候，你必须迅速学习。在定期规划会议上，会对各种路线以及改道的时间预算进行评估。但有关成本的决策则由总监主导。这些是商业决策，而你的团队只能提供估算和评估。在每次会议上，团队都会重新关注前方最困难的任务。商业赞助人（总监）和客户代表（销售经理）不仅要了解这个过程，而且必须要持续关注该项目的可行性。没有他们的持续支持，就没有这一次的远征。

云雾散去之时，进展迅速。云雾压顶之时，进展缓慢，而你作为团队领袖，必须竭尽所能让每个人都专注于目标。在经历数天的缓慢进程与回头路之后，商业赞助人开始担心寻找宝石的经费预算，并开始质疑该商业项目的合理性。你需要对到达最高山坡的天数进行新的估算。此时你很容易出现乐观的倾向，给出一个大家都愿意听到的估算，因为这样一来，探险便可以继续，进展也许能更快。但是，这是不行的。作为项目的领导人，你很清楚，过去几天的经验才能对接下来的进展做出最佳指导。不然在陌生之地，你还能用什么来作为估算的基础？商业赞助人有权期待一个诚实、不过分乐观的估算。他会衡量成本、新信息以及可能得到的收益，然后继续支持这项探险。

接下来也许会有所突破：你们在低于预想的高度找到了几颗散布的蓝宝石，而且这一发现早于预期。群情激动之下，这被团队当作一个可能的解决方案。销售总监不以为然，因为这些宝石的质量很差；商务总监则担心其分布过于零散以及是否能收回成本。他们认为，这些宝石能卖出的价格低于开采和运输的成本。轻率地宣告胜利是行不通的，你们得继续向上攀登。后来，在高高的山坡上，积雪退去的边缘，你们发现了宝石，它们厚如砾石、品质一流。团队兴高采烈地带回了样品。

显然，我不是要你们认真地去推敲它的细节，我想要一个接近贝克与福勒或者德卡洛的故事，去证明极限编程管理的某些原则适用于在"离乡背井"的情况下做决策。

（1）即便这个问题同上一个问题看起来很类似，也不要认为解决方案是一样的。也许从表面看来的确有相似之处，但你在陌生环境下形成的直觉很可能具有误导性。

（2）始终保持清晰的终极目标。有时候，这会比较困难，但请专注于其商业驱动因素。如果这个项目不能为客户提供价值，那么你就是在浪费时间，因此商业赞助人就应该做出"班师回朝"的决定。

（3）商业赞助人和客户需求向导务必要加入你的旅程，而不是在路障前跟你挥手告别。他们为这个旅程而来，有权终止项目，扩大项目范围，或使之回归客户价值。

（4）身处新环境的你必须迅速学习（也迅速经历失败），并与整个团队分享自己学到的东西。

（5）优先处理最困难的任务。这个任务最需要花费力气学习，也需要创造力和坚持不懈。不要把轻松有趣的事放在前面，而把困难留到最后。

## ⊃ 这不是赌博，而是管理

上述故事说明了在"离乡背井"做决策时，极限编程快速失败／快速学习的发现式方法。这是一种尽快将"陌生"有效地转变为"熟悉"的运作方式。通过尽快找到自在的感觉，来处理在陌生环境中的决策。如果你足不出户地筹划上数月，对新环境不会有任何了解，而你那详尽的计划撑不了几天就会毫无用武之地。计划应当限制在眼界能及的范围内（同时时刻铭记终极目标），尽快学会游戏规则。这表示，管理决策更像是琐碎的、循序渐进的努力过程，而不是大众想象中的孤注一掷的决定。

这种循序渐进的努力，以及减轻或消除后续决策风险的能力，并非管理学教科书所推崇的决策哲学。但这就是管理者在实际中做的事情，即理论严重脱离实践的又一个事例。马奇（March）和夏皮罗（Shapira）的研究（我在第 6 章提到过，管理者会根据自己的成就水平来改变偏好）结果令人惊讶，因为在这些研究中的执行长官并不认为承担风险是赌博。他们不认为风险是一个不得不接受既定成功或失败概率的过程。风险是可以避免的，因为结果总是在他们的掌控之中。管理者不会计算理论上的成功概率；管理者的工作就是抛开一切专断的先验概率，创造成功。风险是可以管理的。一位受访者解释道："在创办公司的时候，我并不是在赌博；我有信心我们能成功。"

当然，这种下意识的反应再次表示理论是正确的，而这些调查只能显示出管理实践的糟糕。如有必要，还可以列出管理方面的过度自信（第 10 章）并拿出相应证据，以及深信（放错了地方）自己有能力对事件产生积极影响。或许这里面还有别的意思。或许，本研究中的执行长官对于管理实践的理解超越了理论。

早在第 1 章，我就提出了管理决策的一些重要特点。其中一个特点就是，决策不是一个孤立的过程，它们环环相扣。从这个意义上讲，作为管理者，我们做出的决策与决策理论家所钟爱的一个个独立的抉择极为不同。冒着损失 100 美元的风险，去接受萨缪尔逊抛硬币的 200 美元赌注（第 13 章），这种决定并不是管理者所做出的一环扣一环的典型决策。马奇和夏皮罗采访的行政长官们无须受决策理论科学的限制。他们明白，只要具备正确的方法，并且愿意快速经历学习与失败，你就能够管理风险。管理不是一锤定音论输赢的二元论决策。只要思想开阔，愿意应对不明朗、不确定的情况（这通常不是高级行政长官孜孜以求的特质），总有办法对变化无常的环境进行管理。但要想在这样的环境中获得成功则需要一种新的领导力。我们所接受的关于规划与控制的管理培训，非常适用于可预测因果的牛顿式自然科学世界。然而，事实上，真实世界从来都不是如此。它向来不可预测，总是混乱无序。如今，在全球化和新技术的催化下，市场的波动性加剧了。我们从来没有像今天这样迫切需要有能力的管理者，我们需要他们来管理这个充满了或然性的世界。在这个世界里，规划和控制的训练只会令你在泥淖中越陷越深。必要的不仅是管理或然性的新方法，还有人员的管理与激励。

## ➲ 绘制地图——做出决策

当建立在经验之上的直觉派不上用场的时候，每个管理者都不得不适时走出舒适区，"离乡背井"做决策。这是因为，与教科书的说法相反，我们的决策基础是直觉而非逻辑分析。我们习惯于对正确的路线具有一种"感觉"，却无法解释这种感觉的来源。我们的确会使用分析和逻辑规则来助力决策，但往往是为了向他人（有时是自己）证明这些决策的合理性。但对这一决定的触发动机和情感投入则是直觉过程的产物。当这种直觉以来之不易的经验为基础时，就应当信赖它，虽然也得当心一些常见的心理陷阱。

　　当我们必须在自己的专业范围以外做决定的时候，麻烦就开始了。我们往往还会有一种直觉，一种让我们做出选择的洞察力，但是，这种洞察力可能具有极强的误导性，而且其基础要么是经不起推敲的巧合，要么是从其他环境中借鉴来的事例。我们没有被经验的缺乏吓退，反而从一切看似合理的事物上获得了做决策的信心。我们依赖曾经辉煌的赢家，却忘记了过去的成功可能只是因为运气而不是技能，如果这位辉煌过的赢家碰巧是我们自己（即便是在情形全然不同的情况下），则情况更甚。我们复制别人的策略，聘请专家为自己做决策，却忽略了一点：专家并没有他们自以为的那般可靠，而且他们告诉你的都是你想听的，因为这样做更符合他们的利益。诚然，糟糕的决策方法未必得出糟糕的结果，可是，就像第 10章提到的过分乐观的创业者，不现实的自信令我们把资源投入大概率会失败的情形中。假如扑克牌玩家听信了占星术的预言，相信今天会大获全胜，那么，面对在一般情形中会拒绝的赌注，他却信心满满地接受了。然后，一败涂地的他只会抱怨时运不济，却毫不疑心自己因错误的信息，对机会做出了错误的评估。在这种不熟悉的情形下，我们必然要特别当心自己的直觉。要对于鼓舞我们前进的直觉做出分析是很困难的，因为它终究只是一种感觉。

　　本章揭示了一种在"离乡背井"的情况下做决策的方法。它不是一种从基本原则逻辑推导而来的理论。这是一种为不熟悉的领域绘制地图的过程，其基础是：管理者们实际做的事，以及在不确定的环境中专门为创造价值而发展出的发现过程。**不要坐在家里制定抽象的规划，你应当去实际接触陌生的地形。坚持着眼于自己的最终目标，但同时做好适时改变路线的准备。即便在信息的更新下，你也许不得不走回头路，你也要鼓起勇气，果断行动。**你要与客户沟通，并且在前进的过程中致力于创造价值，不要拖到最后一刻。要开诚布公地进行交流。快速地学习，对于最困难的障碍，要优先解决。目标要坚定，思想亦要灵活。

## 换言之……

如果不了解地形，就不要仅凭着一腔自信做规划。极限编程提供的是一种方法，使我们能够在陌生的环境中迅速学习、专注于核心价值并创造价值。它不是一种详尽的成功秘诀，而是一种探索未知的哲学，你不能用管理已知事物的方法来管理未知事物。

极限编程的原则为"离乡背井"的决策提供了一个令人信服的模型：关注你的终极目标；客户代表和客户倡导者的全程参与；快速学习并迅速经历失败；优先处理最棘手的任务；勇敢诚实地做出评估（变化当然不算失败）。

## 这意味着……

- ☆ 我们所做的详尽规划大都是在浪费时间，它们只能给我们以心理安慰，你需要持续地调整规划。
- ☆ 灵活规划，让计划符合现实。
- ☆ 根据目标进行管理会令人把注意力放到"规划"之上，从而忽略需要管理的过程。
- ☆ 在不确定的情况下，管理者需要新技能，淡化规划与控制，强调关系与价值。

## 经验法则

- ♠7　灵活规划。避免在陌生的环境中做出详细的远景规划。
- ♠6　在路线不明确时，用共同的价值和清晰的视野指导决策。
- ♠5　构建关系，而不要试图控制。
- ♠4　开诚布公地进行交流，勇敢坚定地开展行动。
- ♦5　在"离乡背井"的情形下，乐于快速失败、迅速学习。
- ♠K　根据新信息调整思想并非无能，反而是有能力的表现。

**在**前几章，我研究的焦点是如何在"离乡背井"的情形下做出合理决策。现在，我将转而关注在面对或然性时，个人的境遇会如何改变人们的倾向。是要在这场赌局中力争胜利，还仅仅是避免损失？当前是超额完成了目标，还是尚未达到？这是一次单独的冒险，还是一系列赌局的一部分？我们的选择与经济理论并不相符。扑克牌玩家再次提醒我们，商业管理者作为决策者，其老练程度已超越理论。但我却要从一个长期存在的问题入手：在前途未卜的情况下，我们的决策动机是什么？对失败的恐惧与对成功的贪婪，这二者究竟哪一个影响更大？

**13**

CHAPTER

第 13 章

# 前景效应：担忧、贪婪与冒险

## 案例：里森为什么能让银行破产

已经有不少出版媒体报道了尼克·里森（Nick Leeson）拖垮巴林银行（Baring's Bank）的故事，其中包括里森自己的自传，以及电影《魔鬼营业员》（*Rogue Trader*）。一系列非同寻常的管理失误导致了该银行的倒闭：

- ☆ 令人震惊的是，由于金融控制的缺失，数亿英镑在没有任何支撑文件的情况下被英国总部汇到新加坡交易办公室；
- ☆ 混乱的管理结构、虚线报告以及管理者对里森正在交易的期权合同一无所知；
- ☆ 最重要的是，对年度奖金（银行 25% 的利润分配给员工）的短视关注，在里森的谎报中，交易的虚幻利润被夸大。

但我的兴趣重点不在于拖垮这家有两百年历史的银行的财务控制和管理失误，而是，究竟是什么驱使里森继续这一未经授权的交易？是恐惧还是贪婪？

# 里森的故事

这一切肇始于 1992 年 7 月 17 日，一位新员工在忙碌的交易柜台上做出了无心之失。20 份本该代表客户买进的合同被错误卖出。里森迅速做出本能决定：不讲明损失，反而通过购买 40 份合同来挽回客户（其中 20 份是本该购买的，还有 20 份是为了填补误售的那 20 份合同的）。里森只有代表客户交易的授权，不能为自己建仓。由于这 40 份合同需要入账，所以便被记入如今众所周知的 88888 账户。里森面对亏损不接受、不上报的判断有多荒谬自不必说，在之后几年里，困扰他的坏运气接踵而至。三天后，市场强势上涨，2 万英镑的亏损飙升至 6 万英镑。事已至此，若上报亏损，他担心被降职去做后台结算，彼时他才刚刚躲过这一惩处。他已养成习惯，用 88888 账户来掩盖失误，截至 1992 年，他所隐瞒的失误已达 30 次，他以扣除自己佣金收入的方式来抹平损失。1992 年 12 月，又一次失误使银行蒙受 15 万英镑的损失，这一次，他无法通过扣除佣金来抹平。里森既需要收入来掩盖损失，又需要现金来弥补交易所的追加保证金（追加保证金是交易员必须向交易所支付的一笔款项，实际就是预防期权合约潜在损失的一笔存款）。他设计了一种方案，在日经（The Nikkei）出售未经授权的期权，从而获得日元溢价，以抵消 88888 的账户赤字。为了抹平追加保证金，他还需要英国伦敦总部的现金。里森回忆道："我铁了心地追回损失，春天过后，我的交易越做越大，风险也越来越大。"不过，里森的好运持续了整个夏天，股市飙升。令人难以置信的是，通过不断翻倍的赌博，到了 7 月，他已经把 600 万英镑的损失扭转为小有盈利。摆脱困境的他一扫一整年的阴霾，度过了一个愉快的周末。

然而，若要改掉在这动荡的一年里所养成的习惯，实属不易。在接下来的星期一，他继续使用这"五个 8"的账户去掩盖更多的交易失误，令自己再次陷入死循环，而这一次，他再也无处可逃。亏损失控般地急剧增加。因未能及时平仓，一天的损失就达 170 万美元。波动极端，有时能赚 500 万英镑，有时也能亏 500 万英镑。到了 1994 年初，累计亏损惊人，已达 5 000 万英镑。他不得不卖出更多的未对冲头寸，用赚来的溢价抹平差额。他为获得溢价收入而出售的每一个期权，都意味着他在赌博中泥足深陷，他赌的是市场上行，"我不再清楚市场的走向，我只知道自己想让它怎么走。" 2 月是发放年终奖金的月份。1994 年 2 月，里森手里未上报的亏损已达 5 000 万英镑，而集团的利润只有 1 亿英镑。假如巴林银行在此时通过审计程序发现了这些损失，他们纵然颜面扫地，却尚可亡羊补牢。12 个月后，这些亏损将淹没资产负债表；银行业的一代王朝将覆灭。经常有报道称，1995 年的神户大地震以及后续日经指数下跌是里森和巴林银行倒台的序曲。其实，因为相信 300 点的应声下跌是危言耸听，所以在震后大胆使用头寸，使得震后的所有损失在两周内得到平复。但是，在 1995 年 2 月初，里森仍面临着 2 亿英镑的赤字，而此时，审计终于要来了，于是，他再次将赌注翻倍，希望再交一次好运。然而，在 2 月的最后一周，股市再次下跌。23 日，日经指数下跌 400 点，而每下跌 100 点，就会蒸发掉里森的 2 000 万英镑。就连在最后的几个小时里，里森仍在购买合同，企图力挽狂澜、抬高市场，俨然一副金融大亨的模样，力图阻止全球市场浪潮，最终却功败垂成。最后，他接受了必然的命运，走出办公室，奔赴伦敦。他只有一个念头：要在欧洲被捕，避免在亚洲蹲监狱。随着头寸的解除，亏损飙升，巴林银行破产。

## ● 捕捉偏好——快速介绍前景理论

经济学家使用的是预期效用理论（expected utility theory），单是听到这个名字，就让人望而却步。他们在这样的假设下工作：我们做出的选择应当使可感知利益最大化。这一假设似乎很合理，实际上也是微观经济学的支柱之一。但问题是，现实往往比你所相信的理论复杂、混乱得多。为了说明人们不会按照预期效用理论做出选择，诺贝尔经济学奖得主保罗·萨缪尔逊（Paul Samuelson）过去常常与同事和学生们打赌，规则很简单：掷一次硬币，如果谁能预测出结果，他就给对方 200 美元；但如果预测错误，就得给他 100 美元。尽管这笔买卖的积极预期很明显［50%×200–50%×100 = 50（美元）］，但还是遭到了绝大多数人的婉拒。这一理论似乎并未描述我们评估选项的方式。

20 世纪 70 年代，耶路撒冷大学（the University in Jerusalem）里有两位工作伙伴，丹尼尔·卡尼曼（Daniel Kahneman）和阿莫斯·特沃斯基（Amos Tversky），他们尝试揭示人们做选择时的心理。如果不按照预期效用理论做决策，又能以什么为决策指导呢？他们的研究方法不寻常，用卡尼曼的话来说是"非常有意思"。他们每天下午都会聚在一起，用好几个小时设计各种赌局，用以揭示人们的本能偏好。他们致力于构建用以捕捉人们直觉偏好的模型，至于其个人选择是否与其他人一致，这将容后验证。经过六个月的激烈辩论，他们认为对抉择心理有了深刻了解。紧接着是为期四年的修改与实验，之后，他们发表了名为前景理论的研究成果。在本质上，前景理论描述了人们在面对或然性时的抉择方式，并未就如何做出最佳选择提供任何建议，只是描述了人们所表现出的偏好。在某些情况下，偏好与预期效用理论的理性选择相去甚远。

卡尼曼和特沃斯基发现，在大部分情形下，人们厌恶风险（不喜欢赌博）。我们更喜欢把握住确定的东西，而不是去碰运气，看是否能赢得更多。我们认为，比起 50% 赢得 200 美元的概率，口袋里的 100 美元更有价值。无论你怎么想，赌博都不是人本性。但这种基本的风险规避是预期效用理论的一部分；其观察结果是：拥有的钱越多，就越不重视财富的增长。比起已经拥有 10 万英镑的人，没钱的人把 1 万英镑看得更重。然而，通过卡纳曼和特维斯基的持续探索和创造性提问，前景理论揭示出一种观点：**在某些情况下，我们确实更喜欢赌博。他们发现，当赌博可能带来收益时，我们倾向于规避风险；但为了挽回损失，我们则会追求风险。** 如果有 50% 的机会令财富翻倍，我们通常会拒绝；可是，面对同一个赌局，只要有机会追回亏损，我们就会接受。尼克·里森之所以用别人的钱来赌博，不是为了赚钱，而是为了挽回亏损。里森并不是害群之马，也不是流氓交易员。他同许多人一样，不会为赚钱而背负巨大风险，却会为了挽回损失而为之。对亏损的惧怕超过了对利益的贪图。

前景理论把我们的抉择凝练为一个简单的图表（如图 13-1 所示）。

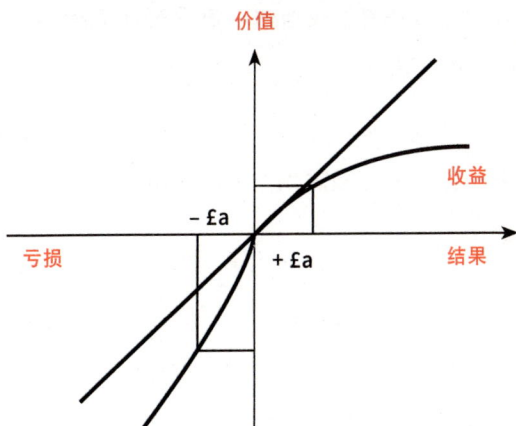

图 13-1　前景理论关于抉择的分析

这一图表描绘了一场赌博的结果，横轴表示实际赢输的金额，纵轴是我们对结果价值的主观衡量。X 轴上的货币变化与 Y 轴的主观感受形成参照。我们天真地以为，自己对于一切亏损与收获的价值感知完全一致：面对每一个得失，我们开心或受伤的程度是一样的。若真如此，价值曲线在坐标轴上就会是一条 45 度倾斜的直线。对我们而言，从 1 英镑到 2 英镑，与从 999 到 1 000 以及 999 999 到 1 000 000 的价值增长，其意义并无不同。Y 轴右边的曲线基本代表了期望效用理论的结果。你的钱越多（即你在 X 轴上的起点越高），你对每次收益的看重程度就越低。如果你本就富有，进一步的财富收益所带来的效用增加便微不足道。前景理论的重要发现是，在面临亏损时，Y 轴的左边会发生什么。亏损曲线有两个重要特征。

（1）同收益曲线一样，该曲线在原点附近最陡。**换言之，比起在已有的亏损上增加的小额亏损，一开始就亏损的杀伤力更大。**

（2）亏损曲线比收益曲线陡。**我们对收益的看重程度比不上对亏损的厌恶程度。一笔亏损对我们造成的伤害超过了同样数额的收益所带来的喜悦。**

但是，请记住，这个图表并非出自理论模型。它只是捕捉了我们在数百种不同环境和实验中表现出的偏好。它体现了我们实际思考的方式，而不是站在理论的高度规定如何思考。我们在追求收益的时候规避风险，却在面临亏损之时愿意冒险。

亏损与收益曲线的不同形状导致的结果是：眼前的机会到底是

为了获利还是抹平亏损？我们的偏好会因视角的不同而发生改变。我们的选择取决于参照标准。

假设你就职于一家制药公司，你以 5 000 万英镑收购了一家小型生物技术公司。一年来，这家公司经营不善，此时有第三方提出以 2 500 万英镑的价格收购该公司。可是，现在正值新药试验的关键期。专家告诉你，该药获批的机会是 50%，一旦获批，公司的价值将重回 5 000 万英镑。但反之，这家公司便会真的一文不值。

你应该接受这桩 2 500 万英镑的买卖吗？这个问题没有"正确"答案。但你的答案可能会受你自己的参照框架影响。假如你的参照点是最初的 5 000 万英镑，你可能会把赌注压在药物试验之上，拒绝 2 500 万英镑的买卖，以期挽回损失；假如你把当前的 2 500 万英镑视为参照点，其结果要么是财富翻倍，要么是一无所有，这场赌局似乎划不来，那么你可能就会愿意卖掉公司，保住你仍然拥有的这部分价值。理性的经济模式只会为我们指向期望价值，但在实践中，决策取决于我们对这个问题的参考框架。我们的选择也会依情况而定，是把这次选择视为赚钱的机会，还是挽回损失的机会？

## ➲ 框架决定论的真实案例

前景理论描述了人们的选择过程，如果你还不能意识到偏好会因得失而改变，那就太奇怪了。这其实也正是我们的发现。我将讲述两个截然不同的事例：一个是纽约出租车司机，另一个则是赌马。

在纽约，大多数出租车司机开着并不属于自己的车。他们用固定价格，以 12 个小时为单位租用这些车。因此，所有的车费和小费都归他们自己所有。生意好的时候，他们过得很好，但生意不好的时候，由于不够支付租金，就有亏钱的风险。一项研究显示，在没什么生意难得遇上乘客的日子里，出租车司机的工作时长高于平均时长。对比鲜明的是，在生意繁忙时，他们的工作时间却比较短，早早收工。这似乎并不明智，因为司机并没有实现小时费最大化。你本以为在雨天生意好的时候，司机会多跑几个小时的车，而在明媚的春日里，因为人们更愿意走路而早些收工。但是，在生意萧条的日子里，延长工作时间的决定正好符合前景理论。每位司机都有其参照点，即出租车的成本以及他们每天期望或者需要的收益。生意不好的时候，早收工意味着接受损失，所以他们继续工作，期望生意会好转，这样就不会明摆着亏钱。而生意好的时候，赚钱快，这一个理由不再是参照点，延时工作所带来的额外收益便失去了吸引力。他们孤立地看待每一天。司机每天都会因不愿接受亏损而延时工作。很意外地，在需求高的时候，街上的出租车反而不及需求低的时候多。现在你终于明白，为什么在你最需要的时候却总是打不到车了。

另一个例子来自赌马。这一次，我们要解释的不是令人恼火的出租车短缺问题，而是给出实用建议，使赛道获胜的概率最大化。

大部分初次参与赛马的人都会输钱，这是当然的，因为这就是博彩行业的生存之道。在一天快结束的时候，输的人多，赢的人少。现在是最后一场比赛了。为避免这一天以亏钱告终，人们都会被这最后一场赌局所吸引，因为这是一次追回损失的机会。在这场终极比赛中，在赔率、回报率很低的大热门上下注，不大可能赢得足够的钱以追回累计的亏损。为了挽回损失，赌徒们铤而走险，因此，在最后一场比赛中，那些价格高昂的赌注大受追捧。至于热门选手，由于赌注金额低于预期，其价格则更具吸引力。由于大部分赌徒铁了心要扳回损失，所以，赛道上胜算最大的就是最后一场比赛的大热门。能不能赢或许难说，但是，在最后一场比赛中只支持大热门的策略，其长期回报将高于其他任何的赛道策略。这就是前景理论的内容，正好符合对结果和收盘价的研究成果。

当然，早在前景理论之前，卖方就已经理解了买方的心理。经过反复摸索，卖方已经掌握了从买方处获得最大利润的方法。前景理论预测，买方的收益应该被单独对待，唯有如此，买家才能从每一个附加特征中发现最大的价值。根据收益曲线最陡峭部分（Y轴的右边）衡量大量单独收益。但是，付出的代价（买家的损失）应该被打包成一个价格，即利用Y轴左边亏损区域的那条较为平坦的曲线。我们在各种行业中多次见识到这种心理在起作用。不同的产品被捆绑在一起，以单一价格出售，比如：鼓励订阅而不是购买单本刊物；为新车买家提供可选的附加服务包；为旅行者提供航班和酒店的套系服务。经验告诉我们，如果有一份全面的价格清单，罗列出每项利润（收益）都有相应的成本（损失），我们花的钱就会比较少。如果将几种产品打包，以一个价格售出，我们花的钱就会比较多。

我在第 4 章描述了塔勒布做的蒙特卡罗模拟实验，以及这个实验令他成为期权交易员的过程。实际上，他的公司艾瑞卡（Empirica）的商业模式极不寻常。它购买的是虚值期权（out-of-the-money options）。除非发生戏剧性事件，否则，这些合约并不容易兑现。艾瑞卡公司所购买的期权大概率无法实现日常盈利。日复一日，该公司将损失掉购买期权的成本（以及企业日常管理成本）。但是，在市场偶尔出现动荡的时候，这些廉价购入的期权价值会变得非常可观。这完全颠覆了投资的心理。通常，投资应当着眼于日常升值的现实可能性，虽然也要承担较小但却真实存在的全线崩盘风险。在大量小幅上升之后，是罕见的重大亏损。相反地，根据艾瑞卡的投资策略，日常的小额亏损是一定的，也有一线希望大赚一笔，却不用担心满盘皆输。如果市场每月保持稳定，他们反而会持续亏损至死。

这种模式不具有普适性，前景理论对其做出了解释。价值曲线回报的是传统投资的常规小收益，充分利用价值曲线最陡峭的部分来获取收益，并让人们产生一种错觉，认为自己正拾级而上，一切顺利。偶尔的亏损或许非常严重，但在心理上只是一次打击而已。艾瑞卡的战略是，小额亏损几乎不断，偶尔能打一次大胜仗，因此，他们要求管理者的心理足够强大。但塔勒布的理论建立在一个非常简单的观察之上：市场的动荡程度远超于大部分人的认知。假如他说的没错（迄今为止，他的业绩显示他是对的），那他就能通过购买被别人弃如敝屣的期权来赚钱。在公司月复一月遭遇亏损时，他只需要继续相信这个理论即可。

## ⊃　沉没成本

赛道上的赌徒为绝地求生的冲动付出高昂代价，同样，为失败的项目追加投资的冲动也会让企业付出巨大代价。这就是沉没成本效应，在其诱惑下，人们为了扭亏为盈而追加高风险投资。我们已经向扑克牌玩家强调过，这是个陷阱。如果手牌好、前景好，也许会促成一笔大额加注，为底池增加 500 美元。如果手牌不好，那么，无论赢面有多渺茫，玩家也会禁不住诱惑，再下 100 美元的赌注。价值曲线再次帮助我们理解这种错误。单独看来，再损失 100 美元将对价值曲线最陡峭的部分造成伤害。假如赢面不大，我们就会拒绝跟注并弃牌。但是，如果我们把这 100 美元视为已经入局的 500 美元的一部分，那么，这笔损失所带来的心理冲击就会被淡化。当你已经下注 500 美元，再输 100 美元也算不得什么。就像在评估价值变化的时候，损失的价值曲线并不太陡峭。结合之前的赌注，再输 100 美元看似并不太糟，所以，我们就会鏖战到底。沉没成本效应在商业中非常普遍。银行的贷款经理会为陷入困境的公司提供更多贷款，但是，如果贷款经理没有参与第一轮放贷决策，他就会拒绝进一步贷款的申请。私募股权公司倾向于后续投资，而不愿接受注销。然而，所有优秀的扑克牌玩家都知道，每一笔赌注都应当被独立看待。钱一旦进入底池就消失了。如果最后的赌注并不具备积极预期，就得及时抽身。不过，这个建议可能极难遵从。

## ➲ 通过联合投注赢得胜利

我们还记得萨缪尔逊那个掷硬币的赌局，它的预期价值是积极的，却遭到了大部分人的拒绝。但假如可以连续尝试三次而不是一次，并且每次尝试的条件都相同，那么，这场赌局立刻就有了吸引力。只有在连错三盘的情况下，你才会输钱。你也许会输掉 300 美元，但这种概率只有 12.5%。只要把各种风险组合在一起，就能增加这种令人不安的赌局（尽管预期积极）的安全性。扑克牌玩家自然也是这样做的。如果接受最后一张牌是红桃就赢的赌局，可能要尝试五次才能得到一次回报。由于参与赌局的人基本都会规避风险，我们可能会把它视为一次单独的机会而加以拒绝。但是，在扑克牌游戏中，这样的机会一晚上可能会出现数十次。如果玩家对概率有充分了解，不同风险的投资组合可以获得极高的回报。

经济学家理查德·塞勒（Richard Thaler）与一群高级管理人员的谈话，很好地体现了这一原则的重要性。他为每个人都提供一个投资机会，有 50% 的概率赚到 200 万美元，也有 50% 的概率亏损

100 万美元（从数学角度来看，相当于把萨缪尔逊掷硬币的游戏放大后置于商业环境）。在了解前景理论之后，我们不会惊异于 25 位管理者中有 22 位拒绝了这个机会。在商业环境中，对亏损的认定可能很复杂，不仅仅是财务亏损这样简单，还可能对职业前景的预期造成巨大损害。对 100 万美元亏损的惧怕足以强化人们规避风险的天然倾向。但塞勒在会议上转身找到了该公司的首席执行官。他以上述条款向首席执行官提出了一项包含 25 个项目的投资组合，首席执行官毫不犹豫地接受了。由于每一个赌局都被单独看待，而每位管理者又要做出孤立的决定，他们与生俱来的对风险的厌恶令他们拒绝了这样一个预期价值高达 1 250 万美元，而赔钱风险却几乎可以忽略不计的投资组合。

## ⬩ 消亡与成功仅一线之隔

我们已经看到，我们的选择不单单取决于目的（希望盈利还是挽回损失），还取决于我们是把这场赌博视为单独的交易，还是一系列赌博的组成部分。不过，还有一个因素会改变我们对风险的评估。扑克牌玩家对此再清楚不过，而决策理论却一无所知。这就是一个人对于风险的认知会因其财富数量而改变。

你在阅读本书时可能已经注意到，许多关于决策理论的研究都是在实验室中完成的。MBA 学生是最典型的实验室小白鼠，道理很简单，因为他们有时间、配合度高、免费。有几项调查致力于研究人们认识和处理风险的方式，其结果令理论家们大跌眼镜（扑克牌玩家却不以为异）。马奇和夏皮罗对迄今为止的主要调查做了回顾，并得出了惊人结论。他们总结道：管理者不会为了做出选择而把所有选项转换为一个单一数字（如期望价值）。他们不会用财务结果与其发生概率相乘。管理者对于概率的分布似乎缺乏直觉性理解。明天 40% 的下雨概率究竟意味着什么？我们认为，高概率就是定数，低概率则可以无视。但最令人讶异的是，管理者认为风险不是必须要承担的，就像赛马和在河牌击中 A 的概率一样。他们认为风险是可以管理的。管理者认为，一旦做出决定，自己就能够掌控世界、规避风险。在他们眼里，对新情况的日常管理是一种负担，而不是对各种行动方案的冷静评估。

马奇和夏皮罗还发现，我们看待风险的方式还取决于自己的业绩。我们以两个业绩基准来衡量自己的表现，也影响着我们的选择。这两条线分别代表生存水平和目标水平。这两条线定义了三个成就区域（如图 13-2 所示）。

★ 低于生存水平的表现是消亡；

★ 高于生存水平但低于目标水平的表现是失败；

★ 高于目标水平的表现是成功。

管理者在访谈中说出的道理，每一个扑克牌玩家都能告诉你。我们评估风险的方式取决于自己当前的状况。正如前景理论的预测，

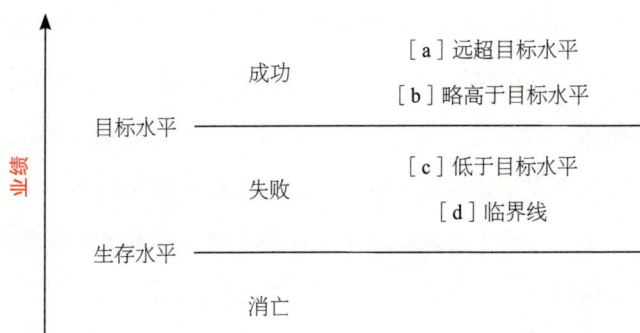

图 13-2　衡量表现的两个基准

如果低于目标水平，比如，处于图 13-2 中［c］的位置，我们就会冒险去挽救低于目标水平的业绩；如果高于目标水平，比如，处于［b］的位置，我们就会更加排斥风险，担心因一次亏损就从成功滑向失败；如果我们的业绩远远高于目标水平，就会感到自由轻松，愿意承担额外的风险。这是因为，即便赌输了，也不会影响成功的局面。在生死关头，我们必然会规避风险，这一点确定无疑。一个错误、一个糟糕的决定、一点坏运气都可能危及生存。就像困在墙与排水沟之间，沿着小道行走的醉汉，必不敢大步向前，只能小心翼翼地控制身体，尽量留在小道上，生怕摔进沟里。

对于扑克牌玩家而言，这些是常识，并不需要理论的诠释。在筹码所剩无几时，你必须小心翼翼，有选择地进行战斗。面对赢得大奖的高风险，你本会因其预期积极而接受，现在也只好拒绝。每一个决定都生死攸关。此时，你对风险的厌恶已到达极点。在扑克牌锦标赛中，玩家的获胜机会与其财富的多寡直接相关。倘若在决战中，你一开局便在筹码数量上落了下风，那么你就只能靠运气，不然就得做出几次绝佳的决策（或许二者缺一不可）。在商界，濒临失败会形成一种阻力，表现为一种恐惧感，令人丧失活动能力。中期投资能够拓宽市场份额和安全性，但我们不得不拒绝，只能退而管理一系列几乎没有风险的小事，因而必然永远无法凭借这些回报换取更大的自由。一旦走到边缘，便再难踏上安全之路。

## 换言之……

尽管管理者和创业者的冒险形象深入人心，但人们大都抗拒风险。比起前景未知的更多（或为零）财富，我们更喜欢握在手中的财富。只是，由于对损失的恐惧超过了对收获的贪婪，我们会为了挽回损失铤而走险。预期效用理论不能作为管理决策的指导，我们的偏好也会随情形而产生变化。

前景理论描述了我们在评估赌局、挽回损失时表现出的偏好。我们对于赌局的态度取决于自己的参考框架，这一事实在产品包装和服务推广中得到了充分利用。我们不会放弃自己已经付出的成本（沉没成本），因而禁不住继续赌博，以补救已经造成的损失。规避风险会让我们拒绝一局定输赢（即便这些赌局具备积极的预期）。偏好会随财富的多寡以及对自身业绩的评估而变化。如果低于目标，我们就会赌；如果濒临消亡，我们就会规避风险。

## 这意味着……

☆ 在考虑一个不确定的选择时，试着改变你的参考框架。尝试从盈利和挽回损失的两个角度来看待这一选择。

☆ 在评估进一步投资时，有意识地努力排除沉没成本（单独看待每一项投资）。

☆ 你是否在定价和产品选择方面充分利用了前景理论?

☆ 当人们孤立地看待赌局时，容易倾向于规避风险：当这些赌局被当作整体时，就变成了高收益、低风险的机会。你的下属可能会把你应当全盘接受的赌局拒之门外。

☆ 请注意，你的钱包大小以及你相对于目标的业绩会影响你对风险的态度。濒临绝境时，你可能几乎没有选择，在劫难逃。

## 经验法则

♦8　通过改变参考框架来验证判断。

♥9　寻求类似的投资组合，不要孤立看待每一个机会。

♣2　由于资源有限，即便是预期积极的良机也可能遭到拒绝。

♥2　忽略沉没成本，每一项新投资都必须根据其自身条款进行评估。

**本**章关注的问题很有趣：为什么大量企业家拒绝融资？这个问题把本书的许多观点结合在一起：

» 投资者和企业家权利不对等，前者在"家附近"做决策，而后者"离乡背井"做决策；

» 为了预测未来而制订详尽的商业计划是徒劳；

» 创业者的内在思维和过度自信；

» 直觉与逻辑的冲突；

» 不得不以基于规则的理由向别人证明决策的合理性；

» 沉没成本的影响；

» 禀赋效应是前景效应的延伸——我们害怕失去已拥有的东西。

一言以蔽之，正是这些因素造就了决策艺术。

# 14

第 14 章

## 禀赋效应：我们对
## 尽在掌握之事物的痴迷

## 案例：《龙潭虎穴》

前些年，英国有一档引得全世界竞相模仿的电视节目，名为《龙潭虎穴》。这档节目提供机会，让创业者向白手起家的富豪们兜售自己的商业计划。富豪们手握现金，会挑选出最好的创业点子进行投资。该节目大获成功，将商业计划、资金消耗率、股权稀释等术语推到黄金收视时段。创业者和投资人之间的基本权利并不对等，对此，节目制作人心知肚明。创业者必须爬上狭窄的楼梯，登上光秃秃的舞台，才能见到坐得舒舒服服的"龙头大佬"。见面的时间也有限，创业者必须在几分钟内阐释自己的想法并取信于人。没有第二次机会。

几集看下来，我发现了两个一再重复的规律。最为明显的是，大多数创业点子都没有获得商业成功的希望，印证了过度自信和"内在"思维的巨大影响（第 10 章）。怀揣着这些点子，创业者敝帚自珍的时间太久，似乎已经看不到消费者的现实需求。大佬们带着怀疑的神情互相对看，创业者垂头丧气地无功而返。第二个规律出现的频率相对较低，但同样明显。在听过四五个毫无希望的阐述过后，大佬们听到一个有些可取之处的商业点子。于是，他们坐直身子，来了精神。他们专注地提出问题，也认真倾听着创业者的回答。大佬们并没有机会去调查创业者所描述的市场，只能按要求针对产品和市场（说到底是针对创业者的管理能力）做出直觉判断。如果他们对眼前所看到的一切感到满意，就会有一位甚至多位大佬愿意投资。他们会提供现金并提出价格（公司的股权）。

伟大的电视节目是人生的缩影，可以反映戏剧性的瞬间。这是其中一个瞬间：摄像机近距离拍摄这位创业者。略微迟疑暴露了他的优柔寡断。他正在评估股权兑换现金的情况。是该在损失一些商业权益的条件下，接受等待已久的投资？还是该转身离开维持现状？报价屡屡遭拒，因为价格太高，股权太宝贵。创业者离开，他很沮丧，因为自己的点子未获赏识；同时，他也很愤怒，因为大佬趁火打劫，予取予求。事实上，在向创业者发出的 16 份投资邀约中，只有 1/4 被接受，其余都遭到了拒绝。我每每都会在这种时刻对着电视屏幕尖叫：我想要他们接受邀约。我亲身体会过为创业阶段的公司投资是多么的困难。为什么创业者对股权如此留恋，以致不愿接受投资？

## ➲ 独有的空头资产

在过去的几年里，我曾同好几家公司合作，他们的特点是规模较小或创立不久。我帮助他们向天使投资人或私人股本投资人筹措资金。无一例外，这些企业家都很聪明，受过良好的教育，也具备丰富的商业经验。估值问题，以及投资和股权必舍其一的问题总是早早凸显（通常是以最后通牒和企业最低估值的形式，没有讨价还价的余地）。我几乎总得压低企业主对估值的期望，努力使之符合初期融资的现实。这时，我往往不得不引导他们做最简单的计算（其实他们要么已经理解，要么已有能力自己完成）。计算的目的是为了表明在接受融资后，他们的股权价值与投资前完全相同。我举了如下例子：

> 假设你拥有一家初创公司 100% 的股权，但你需要资金来把握住这个机会。在参加了多次会议并做了多次演示之后，已有一位准投资人对你做出 10 万英镑的承诺。作为投资回报，她要求获取 33% 的股权。这其实是为你的初创企业做出了 20 万英镑的估价（如果 33% 等于 10 万英镑，那么，在具备现金投资的前提下，整家公司的价值是：30 万英镑现金减去 10 万，因此，公司的投资前估值可推算为 20 万英镑）。融资前，你百分之百地拥有这项资产，而它的价值是 20 万英镑；融资后，你拥有这项资产的 67%，该资产总价值为 30 万英镑（其中 20 万英镑为商业资产或机会价值，10 万英镑为现金）。换言之，在融资后，你依然拥有价值 20 万英镑的资产。区别在于，你现在拥有的是能够创造持久价值的等价资产，而不是为你所独有、却可能因为没有投资而毫无价值的资产（独有

的空头资产）。你不会损失任何价值，反而大大增加了创造价值的机会。

这个逻辑如此简单明了，我甚至不愿意浪费时间来引导你了解其中的原理。然而，逻辑只是故事的一部分。对于股权，人们有着本能上的不舍，这种不舍不是数学逻辑可以消除的（这种本能与逻辑的冲突让人想起我对蒙提·霍尔提问时的解释，见第 4 章）。在解决同一个问题时，直觉式推理与基于规则的推理会得出不同的答案。而在通常情况下，基于规则的逻辑没有机会对抗直觉。

这些讨论必然绕不开对初创企业的公正估值。创业者总是相信自己的企业会得到很高的客观估值。有时候，该估值是通过把所有投资相加得出的，由于他们认为自己牺牲了薪水，因此，也会把这一机会成本计算在内。无须多言，准投资者不会考虑眼前的规模耗费了多少成本，这并不会影响企业当前或未来的价值。还有一种估值逻辑深受创业者喜爱，他们总爱拿自己刚刚起步的企业同近期被高价收购的企业作比较，但后者拥有可观的收益和良好的客户群，二者的成熟度不可同日而语。创业者们的说辞一致："就凭我们的技术更先进，我们的价值也得与他们平齐。"当然，股权投资市场是一个非常麻烦的市场，交易很少，也没有真正的市场价值概念。公司的价值只能通过其获得的投资报价来判断。在这里有希望有梦想，也有实际做成的交易。

## ➲ 禀赋效应——千鸟在林，不如一鸟在手

**这种对自己所拥有事物的明显高估被称为禀赋效应。** 前景理论（见第 13 章）描述了我们面对或然性的决策方式，价值曲线可以解释我们对于尽在掌握之事物有多痴迷。未来的收益（公司的退出价值）虽然有可能更高，但并不是板上钉钉的事，因此，失去已拥有的事物（如企业家的股权）显得更加严重。人们有一种天生的偏好，倾向于维持现状，保留已经拥有的东西。其实，这种偏好存在于生活的方方面面。选民之所以厌恶纳税，尤其是所得税，也是价值曲线心理和禀赋效应在作祟，因为它作为收入的扣除部分，已经被人们视作自己已拥有的财富。政客们则利用价值曲线的梯度变化来对付选民：你必得损失一定的收入（通过缴税）才能享受公共服务。可是人们却认为，这种享受在很多时候是不确定或者微不足道的（当然，迫切需要这些服务的情况除外）。前景理论表明，人们也许更喜欢消费税，比如，销售税和增值税。这些税也会增加花销，但不会拿走任何已被视为己有的东西。

高估自己已拥有的东西，这种倾向就是禀赋效应。为阐释禀赋效应，有人设计了一个简单有效的实验。

## ➲ 杯子游戏

　　研究人员向一组学生随机派发杯子。接着，他们让学生完成一张表格，在这张表格上，他们要表明自己打算以怎样的价格卖出这些刚到手的杯子。这些学生是准销售。然后，他们又让扮演准买家的另一组学生填写表格，表明自己愿意以什么样的价格买下这些杯子。之后，他们将销售方和买家相匹配，一旦售价与出价吻合，这些杯子就可以兑换成现金。至此，我们似乎有理由相信，这些学生被分成两类：一类比较喜欢杯子，另一类讨厌杯子。由于杯子是随机分配的，你也可以这样设想：平均而言，在拿到杯子的学生之中，有一半是讨厌杯子却喜欢销售的；同样，在不接受杯子的学生中，有一半是喜欢杯子并且爱买东西的。按照这种逻辑，当学生们通过自己设定的价值来表达自己对买卖的偏好时，大约有一半的杯子会被交换。但事实上，通常只有 1/4 的杯子得到交换。我们很快便领会了原因：销售设定的平均售价为 7.12 美元，而买家的平均出价仅为 2.87 美元，是禀赋效应在起作用。随机拿到杯子的人，他们对杯子的估值比没拿到杯子的人高出许多。

　　用经济学家的话来说，杯子的市场"很棘手"。交易少，即便对一个杯子的渴望能够与理性的商品交换相匹配，二者的价差也会大得出乎预料。在这样一个不完美的市场（私人股本市场）中投资，你遭遇的正是这种困难。尽管年轻的企业需要获取资金，投资者也渴望找到投资机会，但却很难完成业务。这背后可能有几个原因。创业者对于股权的恋恋不舍也许是最主要的因素，但禀赋效应是双向的。手握资金的投资者同样受禀赋效应左右，比起持股所带来的不确定的未来收益，他们更看重自己手里的资金。天使投资人可能把投资当成一种爱好、一项副业。其结果是，就算他们找不到值得投资的公司，也不会有太大的损失。但专业的私人股权投资人则必须找到投资项目。寻找高回报投资项目是他们的饭碗，把钱闲置五年可不是他们应该做的事。也许正因如此，职业投资人要比兼职的天使投资人容易应对，因为后者缺乏克服必然存在的禀赋效应的动机，禀赋效应把他们的钱紧锁在保险柜里。

## ⊃ 求爱与创业者

　　作为一家私人股权公司的投资总监和私人投资者，我曾见识过禀赋效应如何对谈判桌上的双方施展作用。我也曾为小型初创企业从职业投资人和天使投资人那里筹集资金。值得注意的是，投资人与创业者的知识不对等。我在第 8 章介绍了在"家附近"做决策与"离乡背井"做决策的区别。当涉及投资结构及投资协议中需要谈判的各种控制和保护措施等问题时，私人股本投资者是在"家附近"

做决策。他们的本能判断被磨砺得很准确。他们可能已经做了几十次投资，在评估市场机会和管理能力方面经验丰富。相形之下，创业者之前很可能没有筹集资金的经验，甚至从未见过投资协议。面对外部融资这一陌生的挑战，创业者应当采取何种策略？在这种情况下，没有时间摸索陌生领域，于是，聘请专业向导便成为最佳策略。

但是信息优势并非总是掌握在投资人手中。投资人无一例外，全是多面手。他们不会在同一个市场板块做数十次投资，而是将风险分散开来。他们也因此而无法成为某一市场的专家。即使是专业的新技术投资者，也可能会在移动技术、网络业务和基础设施方面进行部分投资。他们具备一些基本的知识，可能熟悉技术语汇，但论及对该市场的细致了解，他们无法比肩创业者及其管理团队。但是，说到对市场的细致了解，二者的地位就反过来了，投资人成了"离乡背井"的一方。投资人通过聘请专家来弥补这一知识短板。他们会委托一位值得信赖的业内人士出具一份尽职调查报告。但这通常是投资审批最终程序的一部分。专业的投资人用别人的钱做决策。他们需要证明决策的合理性，而委托报告则是一系列最终尽职调查的一部分。根据投资者早前评估管理团队和投资机会的经验，可能一早便敲定了支持管理团队的直觉决策（取决于尽职调查是否令人满意）。在早期承诺之后，是漫长的证明过程。理性、基于规则的分析是决策过程的一部分，是外部证明。投资决策的核心是直觉决定，它的基础是信任，以及我们用于直觉判断的一切线索：例如，接下来的投资机会与前次投资范例的相似性；这个管理团队到底有几分典型"优秀"管理者的样子（当然，第8章中常见的"家附近"决策的陷阱也发挥着一定的作用，例如，如果我们会想当然地认为拥有 MBA 学位、西装革履的管理团队更容易获得成功）。

说一句无伤大雅的玩笑话，我们可以把投资人与创业者建立信任的过程比拟为求爱。求爱也许能让他们迈入联姻的阶段（尽管婚前协议长达 80 页）。在此过程中，投资者需要依照一些简单的规则行事，而这些规则是每位创业者都应当了解的。

## ⬭ 求爱规则与私人股权联姻

如果要向投资人寻求资金，以下"规则"也许能帮助你理解这种关系。不要误会，我并非不赞成外来投资。私人投资可以是一种变革式的经历，这种关系的长期性决定了，在不确定的环境下，私人投资比银行融资的前景好得多。但是，对于考虑投资的创业者和持股人而言，重点在于理解这种关系的性质以及支配投资人行为的规则。

### 1. 求爱的过程很漫长，不可操之过急

说到底，一切都是信任的问题。投资人也许即将给你 100 万英镑。钱会躺在你的银行账户里，时时受你掌控（也有一些例外，见

下文的第五条法则 2 )。所以，这当然是信任的问题。但信任不能迅速建立，而是要在求爱的过程中慢慢建立。一步一个脚印，越发深入地了解彼此。投资人会把你当作准联姻对象加以评估。第一次打交道是在投资人的大本营。如果他们欣赏你，他们也会到你的地盘来。投资人会对你充满热忱，也要求你一心一意，假如你在此阶段"耍酷"，那只能另起炉灶（见第二条规则）。你得期待对方的电子邮件和电话，以及大量鼓励。日益频繁的提问和会晤就好比一起用午餐，甚至晚餐。他们可能会把你介绍给自己的朋友（行业专家和顾问），而你不仅永远要展示自己，还总是在被人评估：你对顾客的了解有多少？你会如何应对危机？你具备优秀的判断力吗？同样的问题在不同场合被微妙地提起。在求爱过程中，你说的话并不能迅速促成联姻，却可以把对方吓退。因为这是一种建立信任的情感历程，而不是对某一商业计划和市场机遇的理性评估，它将历时数月，不是几周便能敲定的事。

## 2. 广撒网，尽管投资人不愿意你这样做

投资人（你的追求者）之所以不想让你同其他准合作伙伴打交道，是出于两个原因。其一，他们会在这场追求游戏中付出很多努力。投资经理的时间是稀缺资源，所以，如果他们的追求可能遭到你的拒绝，自然不愿为此浪费时间。其二，既然打算投资，他们就不希望有任何竞争对手。投资人最不愿意看到的场景是：神秘的大高个在你耳畔低语，用替代条款游说你。不过，广撒网也是说起来

容易做起来难。第一条法则就是求爱需要时间。原则上，同时追求两位准合作伙伴也许是个好主意，但是，要推进两段关系向前发展，可能会占据你全部的时间。当你忙着被人追求时，谁来经营公司？如果你不想亲自费力兼顾这些准投资人的追求，倒也有个办法，那就是指定财务顾问或经纪人来接洽外部各方。倘若你打算起用专业的顾问，我建议你基于"不成交则无酬金"的原则，以酬金或者股权的若干百分点的形式付费。如果他们肯接受你这个客户，那么就说明他们有信心赢得投资，而不是一边收钱一边浪费你的时间。这样做看似花费不菲（又是禀赋效应在作祟），但比起你自行管理，优秀的顾问能为你赢得更多的追求者。而且，出于竞争压力，合同条款也会向你倾斜，所以，这笔中介费花得值。

这个问题没有标准答案，不过，倘若一路走来你只有一位追求者相伴，到最后却惨遭拒绝，你就会陷入被动，并且，在投资协议条款的谈判上，你也处于极度劣势。六个月甚至更长时间的精力投入令你不舍放手（沉没成本效应）。在一定程度上，投资人的热情攻势是为了让你保持忠诚，却并不能保证投资最终能兑现。一旦这场旷日持久的追求无疾而终，你便失去机会，只能在网站上更新自己的资料，装扮一番重新约会。

### 3. 商业计划不是誓词

商业计划不是承诺。尽管某些投资人会隐晦地说出一些承诺，以此套牢你，但这只是未来众多的可能性之一，只是投资人用于评估你的判断力和市场知识的一种手段。在六个月的时间里，商业计划可能变得完全不合时宜（尤其是对羽翼未丰刚成立的公司）。对此，投资人心知肚明却鲜少承认。你应该把它视为一个机会，努力表现你对市场、客户以及提供服务的成本的理解。如果你错误地把商业计划奉为"真理"，就会自以为可以对未来做出中、长期预测。问题是，正如我们经常看到的，我们不喜欢或然性。这个计划的撰写者和读者都愿意相信它是事实。如果可以，你应该寻找在规划和决策方面态度更加开明的投资人。他们应当支持的是你的判断和经验，而不是电子表格模型。

## 4. 婚礼没办完，婚姻关系就不成立

期盼已久的投资（求婚）终于来了。这封函件概括了投资的主要条款，明确了若干条件，同时也要求一段正式的专属期。一旦签署了这份函件并接受了这些条款，投资人就会着手聘请律师和顾问来完成尽职调查。所以，在此阶段签署专属期也不无道理。但请不要抱有幻想，投资人会保留一项权利，他们可以在某一阶段以任何理由甚至无理由撤资。这封函件始终需要经过"投资委员会批准"，所以，一旦他们有所顾虑或者找到了更好的机会，就没有义务落实投资了。

鉴于第一封询问函是可以谈判的，你的当务之急是寻求专业建议，并且测试投资人的投资诚意。这一谈判期可长达数周，这也是寻找其他追求者的黄金期，兴许你会赢得更好的条款。一旦同意了这些

条款并签署了这封函件，你广撒网的日子就结束了。不过，专属期不应长于完成最终检查和投资协议协商的必要时间。求爱期可能从几周到好几个月不等，所以你不能指望这一过程的最后环节会在几个月之内结束。如果你能在与投资人初次接触后的半年内就把资金存入银行，那么你已经做得很好了，尽管许多投资人会暗示整件事可以在初次见面后的两个月内完成（见第一条法则）。

　　然而，还有许多可能出问题的事情。虽说双方已经建立了基本的信任，但投资人随时可能找理由退出（记住，他们同你一样，也受到禀赋效应的影响——你舍不得股权，他们也舍不得资金）。他们将聘请专家对你的客户定位和市场潜力进行评估（记住，投资人往往不是你这个领域的专家）。由于专业的投资人（不是天使投资人）必须进行投资，所以，在这一阶段，他们通常是站在你这边的。鉴于已经为这段关系付出大量心血，他们不愿就此放弃（此处沉没成本的作用于你有益）。投资人正在以基于规则的理性逻辑收集信息，以向他人（投资委员会）证明自己的投资决策。你可能突然感觉到，在数月的考验之后，他们突然站在了你这边，与你并肩作战、共渡难关。这固然鼓舞人心，但是只要他们的疑虑过多就能叫停投资。哪怕合同上 99% 的条款都被打上了勾，但只要有一个黑点，就能叫停投资。你要特别当心在最后时刻上场的行业专家，他们会针对你的市场假设和预测完成"尽职调查"。请小心应对，因为他们的一句话就能让这笔交易泡汤。不要自以为是，你必须赢得他们的信任。

## 5. 针对婚前协议的谈判往往是一场恶战

这封包含投资意向的函件只会覆盖最基本的条款。这封意向函看起来美好，但第一次获知全面投资协议的领域可能会令你措手不及。在此阶段，你必须有经验丰富的商业和法律顾问。请记住，你已经走出了自己的舒适区，正"离乡背井"做决策，而投资人却在做自己每周都要做的事，所以，你需要一位经验丰富的向导来引导你走过这一陌生领域。某些投资人会针对这场联姻的运作方式，尤其是"离婚"（关系解除）的善后问题提出一些不寻常的想法。

**（1）投资人希望保全自己的财产，全身而退。** 他们有几种方式：可以把这笔投资拆分为若干阶段，根据每一阶段的业绩达标率发放资金。我不喜欢这种方式。未来是说不准的，一年前的商业计划只是一个合理的猜测。股权投资的好处是，把资金长期投入到公司里，这样一来，即便某个季度业绩不佳，这笔资金也无法被撤销。你应该坚持的是：所有资金都得无条件一次性投入。

还有一种方法能限制投资人对资金的控制：将一部分资金以贷款而非普通股的形式投资（优先股也有同样的效果，比普通股先获得股息和报酬）。投资者得到全部投资的股本权益，但部分（有时是全部）资金随后会以贷款的形式预付。这样做对投资人有什么好处？如果公司经营不成功，发生低价交易或资产清算，投资者的贷款票据将在股东取得任何收益之前优先获得偿清。对于投资人而言，这是一种"下行保护"，同时也会使投资人的退出率增加，即所谓的

"二次探底"。试想，投资人以一百万英镑买下一家公司 50% 的股权，但这笔钱全部是以贷款的形式投资的。一旦该公司以 400 万英镑的价格售出，首先就会拿出 100 万英镑偿还这笔贷款。剩余的 300 万英镑则按照持股比例分配。原始股东只能获得 150 万英镑，投资人却可获得 250 万英镑。如果出售的收益只有 100 万英镑，那么原始股东什么也得不到。这些贷款是英国私人股本行业的标准做法，抵制的可能性不大。你也只能把贷款的比例降到最低。

（2）**如果不喜欢你的管家方式，他们可保留把自己母亲带来与你同住的权利**。一开始，他们对你信任有加，你可以按照自己的心意经营公司。根据投资协议的各种条款，投资人在高层任命、资本支出以及预算审批方面拥有最终决定权。但是，这些条款在总体上是为了防止你任人唯亲，拿高薪去养无能的亲信。如果得到足够信任，你可以不受干扰地经营公司。一旦信任不再，麻烦就开始了。同在董事会上罕言寡语的非执行董事不同，顾问横空出世，开始参与每一个决策。这就很像在婆媳关系中，他们开始对你掌家的方式指手画脚，你很难对他们的建议视而不见。

（3）**他们保留将你扫地出门，让情人登堂入室的权利**。在现实中，在进展不顺利的时候，投资人可利用的杠杆极少，管理层变动是其中之一。投资协议可能会赋予他们在某些情形下把你踢出董事会、重新任命管理者的权利。其结果可能是毁灭性的，所以，你要特别当心协议草案中的条款，如果你作为董事被迫下台，就不得不卖掉自己的股份，而且卖价往往只是票面价值，或者低于市场价值。

你所丧失的不仅是掌控权，还有你在该公司的经济利益。

**（4）哪怕你住在家里，他们也可能向你讨要房租**。在第（1）条法则中，你可能会以贷款票据或优先股的形式获得部分投资。投资人通常会给贷款附一个利率，或者给优先股附一个股息，这样一来，只要产生利润，他们都可以优先拿到头一份。无法偿付利息或股息往往会使控制措施进一步收紧：控制董事会（以获得解雇其他董事的权利），允许发行新股。这样一来，公司及其价值就完全落入投资人的掌控。

**（5）你要负担婚礼的费用，还得负责对方宴请宾客的一切花销**。毫无疑问，你将为这笔交易的成本以及所有投资人的附带成本买单。你会用即将到账的投资来买单，但有时候，这是一大笔钱。根据投资的完成情况，公司将承担投资者的法律费用、尽职调查成本，有时还会收取一笔不明不白的"安排费"。我曾见过一份贷款金额为 100 万英镑的条款清单，其中直接被划出为费用买单的高达 25 万英镑！没错，支付费用花的是投资人的钱，但是，用不着我提醒你也明白，你为了获得这笔支付费用的贷款售卖了股权。在计算换取投资的股权时，你应按照扣除一切成本后的资金来计算。

我之所以提出这些法则，不是要阻止你寻求融资机会，而是要你更加明确自己的目标。资本同管理相结合，在总体上能够创造价值。只不过，管理者和投资人之间的风险分摊和利润划分是一场零和博弈。投资人经历过这样的博弈，但大部分管理团队都没经验。投资人具备在"家附近"做决策的一切优势，而创业者则要面对"离乡背井"做决策的所有劣势。根据我的经验，投资人和管理者通常可以建立起对双方有利的良好关系。投资人获得良好的回报；管理者和公司的所有者得到开发公司、创造长期价值的权利。但是，关注投资者遵循的规则并了解禀赋效应和沉没成本效应在决策过程中的作用机制是有益的。

## ➲ 禀赋效应和全球变暖

最后，我想说几句重要的题外话：由于禀赋效应，我对人类处理全球变暖以及其他环境危机的能力更加悲观。我们享受现代生活所带来的种种便利（廉价机票、廉价肉类和不计后果地使用廉价化石燃料），倘若在短期内必将失去这些好处，我们会非常介意。大多数人会忽视这一承诺的回报（为子孙后代维持环境稳定这一模糊的理念）。为了一个模糊的回报而放弃当前的利益，这笔买卖没什么吸引力。我们会罔顾长期后果，坚持现有生活方式的"禀赋"。为什么我们应当按照净现值的计算进行交换？当然，针对这一问题生成的理性的、经济学式的理由（例如，斯特恩报告所采用的方法）很难撼动我们对这种选择的直觉评估。我们是否有能力改变自己对这一重要交易的本能喜好，这决定了人类的长远发展。对选择心理的理解则关系到地球的未来。

## 换言之……

通过研究创业者和投资人的决策，本章是对本书的重要主题的集中讨论。

在投资协议的谈判中，创业者是"离乡背井"的一方，需要专家做向导。但是，相对于创业者，投资人在评估这一商业机会时也处于"离乡背井"的位置，需要聘请行业专家帮忙验证自己的投资决策。

投资人会根据直觉推理做出支持某一管理团队的初始决定，然后按照基于规则的逻辑向他人证明这一决策的合理性。最初的判断容易产生先入为主的偏向性，也可能会受到之前（或好或坏的）经验的歪曲。

投资关系的基础是信任，而不是冷冰冰的事实分析。建立信任需要时间。这就是为什么信息可以在数日内得到交流，而投资协议却要耗费数月才能达成的原因。不要把商业计划当作对未来的细致规划，也绝对不要对其真实性做出承诺。在某种程度上，商业计划是创业者的简历，也是展示市场知识的舞台，却不是针对未来三年的详尽财务计划。

人们对于损失的厌恶会造成禀赋效应，而禀赋效应则会阻碍发展。

## 这意味着……

### 对创业者而言

☆ 在公司创建之初，不要过于看重股权。独有的空头资产终究是一场空。利用这笔交易创造价值强于做白日梦。

☆ 如果你在寻求投资，在能力允许的情况下，尽量同时维持多个渠道。多一个选择，意味着多一份谈判的筹码。

☆ 大部分创业者都没经历过投资协议谈判。找一位经验丰富的顾问做你的军师。

☆ 理解主宰投资人行为的法则，这会提升你的谈判能力。

☆ 一定要为你的商业点子寻求投资。如若不然，它们永远只是梦想。

### 对投资人而言

☆ 别假装商业计划是现实。一开始，你对某一管理团队的支持往往只是出于直觉判断，接下来才会使用基于规则的逻辑加以支持和论证。因此，你要当心"家附近"决策的陷阱，尤其是一些带来后果很极端的前期投资的影响。同时，你也要当心，别让先入为主的观念影响你的判断。

☆ 在考虑为岌岌可危的公司追加投资时，你要当心，沉没成本可能会影响你的判断。已经投入的时间或金钱不可追回，但它们不应影响你对新投资项目的风险评估。

## 经验法则

♥5　了解私人股权的"法则"。

♥4　把股份卖给投资人不会给你带来价值损失。

在第 7 章中，我研究了一些扑克牌玩家的经验法则，以及它们在商业投资逻辑中的应用。本章的经验法则将聚焦于与对手的竞争、错误信息的处理以及与强弱对手较量的策略。

**15**

CHAPTER

第 15 章

## 经验法则：
## 第二部分——为胜利而战斗

## ➲ 经验法则——竞争、错误信息以及策略

### 1. 知己知彼

**在牌桌上：**自知之明是这个游戏的关键。你最起码要客观地了解自己能把不同的手牌经营成什么水平，以及它们胜出的相对概率是多少。一旦误判了自己的能力，你就会一再犯错。对对手的能力做出诚实评价同样重要。在扑克牌游戏中，要了解自己的手牌和能力并不难，但要了解对手的手牌则是一件极其拿不准的事，需要认真研判，说到底，就是要观察他们打牌和应对不同情况的方式（观察、经验、反馈）。你对自己的前景了若指掌，但不得不就对手的前景做出艰难判断，这会令新手玩家犯下最为昂贵的错误。你盼望了一整晚，终于等到一对 A。你知道自己的手牌好，也正确评估了拿到三张 A 和满堂彩的概率。你激动于自己的一手好牌（在这件事情上，你的信息很全面），却没注意到对手下注的劲头也很猛，这可能意味着对手的手牌也很强。在多次下注、加注和跟注之后，你终于不得不面临最后一轮，做出跟注或加注的决定。你会发现自己手里的牌的确是好牌，但对方的牌也有可能更好（基于若干线索做出的判断）。

人们在自身优势明确，但对手实力不明朗的情况下，很容易过度自信。玩扑克牌时，最困难的莫过于放弃手上的好牌。除了预估手牌的相对优势，你还得弄清楚自己和对手的打牌风格。他们是否

惯用虚张声势？他们玩牌的风格是很有侵略性，还是很随意？在上一次手握好牌时，他们是怎么玩的、怎么说的？你是否能从他们之前的行为举止中找到痕迹、摸清规律，从而确定你现在应当采取的行动方案？

**在会议桌上：**在这个意义上，经商比扑克牌更困难，原因很简单：你要了解自己公司的优缺点，并不像在扑克牌桌那样直观（或可计算），这是一个判断问题。这种判断容易产生偏见。有太多公司渐渐被自己的炒作蒙住双眼。假如这家公司被吹捧得过久、过频繁，那么，每个人便都开始相信自己是最棒的（这种夸大其词或许也确有其好处）。但是，在不得不做出战略选择的艰难当口，对能力、优势和过往业绩的诚实评价便成为关键。我们也很容易陷入扑克牌玩家所遭遇的陷阱，低估竞争对手的实力。对于自己公司产品的优势，每天都能找到证明。然而，若要寻找对手产品的相关信息却困难得多，而且往往获得的都是二手甚至三手信息，可能早已过时。

基于你掌握信息的数量和质量，你可能会高估自己的相对优势。我们有一种天生的倾向，对于对手能力的评估，我们容易忽视或者不加以善用，其实，这些评估非常关键，但它们十分零散并且不确定。在这种情况下，偏执能帮我们摒弃这种倾向。但是，请不要让有益的偏执成为行动的桎梏。你得诚实评价，然后大胆采取行动。

★ 诚实评估自己的相对优势与劣势。

★ 别小瞧你的对手，因为你并未掌握信息。

★ 保持偏执，但不要胆怯——勇敢一些。

## 2. 不要把牌免费或便宜地让给对手

**在牌桌上：**对手最乐于见到的莫过于无须付出任何代价便能保留这手牌。因为这意味着，即便牌很差，他们也有机会留下来免费看下一张牌，他们乐意之至。他们总会等来好运气，摘取胜利果实。很多时候，如果你认为自己一开局便拿到了桌上最好的牌，你就应当让对手为留在这一局付出昂贵代价。这个逻辑很简单，一旦摊牌，手握最佳手牌的你最有希望成为底池的大赢家。虽然不能说屡试不爽，但你取胜的概率高于任何对手。你在概率上处于有利地位。当你即将胜利的时候，下大赌注有两个作用。第一，倘若其他玩家跟注，底池里的钱会增多。如此，等到最后摊牌时，如果你的手牌确实最强，那你便赢得更多（记住，顶尖的扑克牌玩家之所以成为翘楚，就是因为他们在牌好的时候赢得多）。第二，如果某些对手弃牌，你获胜的机会会变大，因为任何玩家都有可能用好运气打败你，即便他们的牌很差。在后面几轮中，留下来的人越少，你赢得底池的机会就越大。所以，如果手握好牌的你下注毫无气势，让其他玩家只需付出几美元甚至一分钱也不用花（所谓"免费牌"）就能留在这一局，你就大错特错了。如果留下来的玩家很多，其中一个玩家交上好运击败你的概率就很大了。

**在会议桌上：**竞争的优势有多种形式：你的市场声誉，客户的习惯与态度，你的管理知识和专业性，或许还有受保护的专利或其他知识产权，独家经销伙伴关系或其他进入市场的途径。总会有竞争对手为了增长自己的市场份额而牺牲你的利益。倘若竞争对手无须付出巨大成本，也无须就组织机构做出承诺，就能轻而易举地参与你所在市场的竞争，那就会有更多的竞争者跃跃欲试。如果你的竞争对手变多了，就会增大其中一家或几家交上好运的概率。他们可能会找对强大的营销策略或客户诉求，招聘一位具备改革魄力的销售总监，为扩张或收购筹集股权融资。如果在占据优势时，你不锐意竞争，就很可能丧失你在市场上的主导力。即便能维持，也要付出高昂的代价。这两种结果都会让你损失高市场份额带来的高利润。

★ 别把免费牌拱手让人。

★ 不要让别人免费进入你的游戏。

★ 提高准入壁垒。

## 3. 如无必要，避免对决

**在牌桌上**：电影歪曲了扑克牌游戏的形象。在电影剧本中，最终对决的场景是这样的：两位玩家面对面，押下最后一笔赌注。双方摊牌，赢家横扫堆积如山的现金，输家则瘫倒在桌子底下，扣动手枪扳机。然而，在现实中，摊牌（完成所有下注后的终极亮牌）的风险重重，应当避免。摊牌是一场优势之战，是最后的角力，在这场较量中，一切皆有可能，弱势一方也有可能凭借最后一张牌成为幸运儿。虽然不如电影剧本般的戏剧化，但是，**避免对决而取胜是更明智的选择，可以规避被透支的风险。**

怎样避免对决？你应当释放信号，表明意图。如果一再加注，你在释放信号，让对手明白你对这手牌志在必得。也就是说，如有必要，你会坚持到终极摊牌。如果对方足够理性，在拿到一手平庸手牌之时，他们就会读懂你的信号，评估自己的前景，继而做出弃牌的决定，以避免对决。通过暗示你的强劲实力，你便能够赢得底池，并且避免了硬碰硬的终极摊牌对决。许多人认为，虚张声势是扑克牌游戏的精髓。但是，虚张声势在传递意图的同时，也歪曲了你这手牌的实力。优秀的玩家会采取半真半假的打法而不是全然虚张声势（把一手必输的牌伪装成好牌）。半真半假的打法适用于当前没有冠军相，但有潜力成为顶尖好牌（比如顺子）的手牌。采用半真半假打法，你可能会以两种方式取胜：通过加码来释放出牌好的信号，在避免对决的情况下赢得底池；或者，如果被迫摊牌，也有机会通过拿到好牌取胜。不过，值得注意的是，初学者和水平极差的玩家很难被吓退。如果他们缺乏评估自身优势和前景的能力，他们就会无视你所显露（也可能是夸大其词）的实力，玩到摊牌为止。

**在会议桌上：**市场份额之战对于竞争双方都没好处。如果你是市场领跑者，你就会尽量避免摊牌。你可以通过释放信号、展示实力来做到这一点：让准竞争对手或进入市场的不速之客清楚地认识到，如有必要，你将决战到底。就像在交配季做好战斗准备的两只雄性动物，强者展示实力，拿出些姿态，弱者做出现实评估，就可能避免一场恶战。市场领跑者应当费些心思，标记出自己的领域，释放出愿意为任何机会战斗的信号。卷入战斗是你最不愿意做的事。但不幸的是，就像玩扑克牌，总有一些对金钱没概念的傻瓜（通常来自私人股本）不愿意解读这些信号，即便成功率很低，他们也会不顾一切地冲进战场。

　　虚张声势没有用，因为战役的号角终将吹响。但是，同优秀的扑克牌玩家一样，在市场发展的关键阶段，公司可以通过夸大自己的实力（半真半假的玩法）来劝退竞争对手。可是，只有当你足够强大有野心时，半真半假的玩法才奏效。比如，这招在微软公司手上的效力比在新生软件公司手上强。

★ 如无必要，避免对决。

★ 释放信号、展示实力和决心，赶走竞争对手。

★ 夸大实力可以有效保护弱势一方。

## 4. 如何战胜强敌

　　**在牌桌上：** 在扑克牌游戏中，有时你只剩下几块筹码，而对手面前的筹码却堆积如山。形势十分严峻。对于巷道里的醉汉来说，这条小道看上去非常狭窄，离排水沟可能仅仅一步之遥。一些在其他情形下预期积极的好牌，现在也不得不被放弃。积极的预期不是唯一重要的标准，你的每个赌注都必须十拿九稳，因为你没有时间研究类似赌注组合的总数，必须单独对待每一个赌注。事已至此，选择最佳手牌作战攸关生死。对于不错的牌，你必须舍弃，只有最好的牌值得你背水一战。在选择战斗时，你必须非常小心。**一定要集中火力，把一切资源都放在赢面极高的机会上，然而，低回报是不可避免的。**

**在会议桌上：** 假如竞争对手财大气粗，那你就得集中火力。你的资源不足以支撑四处开花的战略。你必须择其一二，集中资源，获得小收益的可能性很大。除非你能吸引到更多的资金，或者你的劲敌被你烦得受不了，索性收购你的整家公司，否则，你就必须重复这一策略。由于资金有限，你不能进行高风险 / 高回报的投资。不过，避开竞争对手最擅长的领域，寻找其他机会可能是有益的。如果对手资金充足，誓死捍卫这个市场，你就应当避其锋芒，专注于其主张较弱，甚至可能不战而退的领域。因为一旦开战，你将很难取胜。

值得一提的是，在这种情况下，另一边的处境也绝对不简单，因为他们面对的是背水一战的竞争对手。濒临绝境的竞争者不会像资金充足的玩家一样做出理性的决定。他们会为生存而战，捍卫自己的地位。豁出一切的创业者比大公司聘请来对付自己的对手更加拼命。他们被迫承担风险——某些风险可能会起作用。逐渐增长的信心、不断改善的财务状况以及必须专注的纪律可能会使他们变得极其危险。无论何时，实力强劲的竞争者都要尽力提高赌注，避免资金不足的对手背水一战。你维护自身地位的强烈信号可能非常有效，能够阻止跃跃欲试的投资者，不给他们留任何希望。

★ 就像大卫与歌利亚（喻力量悬殊的较量），把你有限的资源放在对方的弱点之上。

★ 倘若你的劲敌已经表明（你也可以合理推断）其在某些市场上作战的意图，切勿挑战。

★ 如果你是资金较为雄厚的一方，你得提高赌注、表明意图，阻止正在考虑投资的人。

## 经验法则

♣4　表明意图，避免激战。

♠3　以诚实的态度评估自己和竞争对手的优势与劣势。

♠J　不要让其他公司拿到廉价的竞争入场券。

♠8　除非迫不得已，不要殊死较量（避免摊牌）。

**决**策不是科学，而是一门艺术。它没有可以遵循的万能定律来不断创造价值。决策是对判断力的行使，而不是对法则的应用。判断力总是主观的，很容易产生偏见、受到歪曲。决策的艺术在于了解判断力的来源，知道何时该信任自己的直觉，何时又该质疑。

在接下来的篇幅里，我对本书的主要内容进行总结，罗列一些有助于理解决策艺术的观点。

**16**

CHAPTER

第 16 章

**决策的艺术**

## ➲ 管理者所做的决策

关乎资源的分配；

用的是别人的钱；

需要向他人证明其合理性；

这是会对他人产生重大影响的决策；

是层层相扣的决策；

也是会被记错的决策。

## ➲ 现实世界里的管理

**关于管理学，有一个虚构世界，在这个世界里——**

我们可以有理有据地预测未来：

我们的管理理论同科学定律具有同等地位，我们能可靠地识别因果关系。

**在这个虚构的世界里，我们有能力——**

如同（我们自以为）有能力解释过去一样，我们能够可靠地预测未来；

通过仔细评估形势、正确应用理论来消除风险；

在每一条道路的分叉口，我们都能够客观地选择正确的道路；

知道我们之所以失败，是因为没能掌握所有的信息，或者我们误用了理论；

通过管理决策所产生的结果认清又懒又蠢的管理者的真面目；

理直气壮地把不好的结果归咎于人；

为管理学著述，给出适用于任何情况的一般性建议。

**然而，我们所生活、管理和经营的世界截然不同——**

我们的行为有时会导致不可预测的巨大影响；

没有哪种理性分析能客观地得出"正确"答案；

未来总是不可知的，我们永远无法消除或然性；

我们无法通过观察来区分因果；

我们通过观察范例而得到的"理论"不过是在某一情形下的"经验法则"，并不一定适用于其他情形。

## ➲ 每一个决策都涉及判断

**并没有一种客观的方法来帮助我们做出正确的决定——**

我们无法对所有选项做出评估，只能专注于其中的几个；

我们无法对某一选项的一切后果进行预测；

我们的时间永远不够用，必须决定何时该适可而止；

我们没有确定不变的目标。

**我们将自己的判断力运用于——**

叫停对选项的搜寻；

停止评估后果；

停止搜索新信息；

当相互冲突的目标出现时，做出选择；

停止决策、开始行动。

## ➲ 直觉式判断——求知的艺术

**我们的直觉——**

是自身经历的总和；

是被环境塑造的经历；

具有瞬时性，它们只出现在我们的脑海中；

会在不知不觉中决定我们的选择；

有时会与从基于规则的逻辑得出的答案相矛盾；

可能需要向他人（有时是我们自己）证明其合理性。

**直觉判断叫停搜索的途径是——**

识别自己喜欢的选项；

识别自己认识的选项；

如果已经"足够好"，就不再追求完美。

**在以下情况下，"家附近"的直觉判断又快又准：**

这些决定是之前经常做的；

在熟悉的环境中；

有快速的反馈；

财富占比低。

**但是，直觉判断在以下情况下可能受到误导：**

我们的记忆被一两件具有强烈情感冲击的经历主宰；

某些相关信息不在我们的记忆中，不影响我们的判断；

我们对因果关系有猜测（偏见）；

我们依赖基于极少经历的判断；

我们无视自己未曾经历过的风险。

## ⊃ 扑克牌与投资

**我们之所以能把投资比喻为玩扑克牌，是因为——**

你必须在尚未掌握一切信息的情况下做出决定；

每一次下注都是一笔"投资"，其目的是获得利润；

成本、概率和回报都是未知的，只能靠判断；

顶尖玩家利用源于经验的直觉判断做决策；

别人的经验都体现在"经验法则"里；

不合格的玩家（和管理者）在平庸的机会上浪费了太多金钱；

顶尖玩家（和管理者）会充分利用最好的机会；

扑克牌游戏的精髓不是虚张声势，而是传达（有时是掩盖）自己的意图。

**扑克牌的隐喻之所以瓦解，是因为——**

扑克牌是一种零和博弈（我赢，你就输）；

经商通常是互利的，但并非永远如此；

在扑克牌游戏中，我们唯一可以改变的是自己下注的方式（间接地说，还有别人看待我们的方式）；

在商业中，管理者可以掌控更多的变量；

扑克牌游戏是单打独斗的，经商则需要团体作战。

## ➲ "离乡背井"做决策

**在以下情形中，源于经验的直觉最无用。**

你正"离乡背井"做决策——

这些决策罕见或独特；

处于陌生的环境中；

反馈信息缺失、延迟或不明确；

令你赌上全部或大半身家。

**我们之所以对自己的决策过于自信，是因为——**

我们从不同背景下的他人的成功案例中获得信心；

用已有经验来支持自己的判断；

我们支持曾经的赢家；

在运气对结果有影响的情况下，要区分运气与技能是极其困难的；

我们复制别人的成功故事。

**如果必须"离乡背井"做决策，我们应当——**

聘请行家指导，尽管专家们……并没有他们自以为的那样强，可能会过于频繁地把问题框在自己的专业领域做诊断，告诉你的都是你想听的话；

迅速学习并为不熟悉的地盘绘制地图。

## ➲ 绘制地图、迅速学习

**在不熟悉的地盘，极限编程方法通过下列方式传达价值：**

把或然性当作事实来接受，别奢望以过度规划的方法获得确定性；

连目标都可能改变，请接受这一现实；

让商业赞助人和客户参与决策过程；

快速失败、快速学习，并对学到的东西做出回应；

关注价值观和眼界，以指导过程。

## ➲ 管理人口中的决策过程

**因为恐惧的威力大于贪婪**，所以我们厌恶风险，婉拒获利的机会，但是……为了挽回损失，我们甘冒风险，导致新的不利因素产生——

沉没成本效应——为失败砸下更多的钱；

我们会根据自己的参考框架（得或失）改变自己的喜好；

如果业绩超过预期，我们便会规避风险；低于预期，我们将愿意承担风险；濒临灭亡，我们会极其厌恶风险。

**管理者不会按照理论做事，他们——**

不会就所有选项做出评估，然后从中锁定一个办法（净值），他们专注于几个可能性较大的选项，把"可能"当作"必然"来处理把"不一定"当作"没可能"来处理；别把管理看作一场等待结果的赌博，管理者的每一个决定都关乎后续的决策；

管理者会根据环境来改变他们的偏好。

## ➲ 创业者：雄心壮志与筹措资金

**尽管前途茫茫，创业者仍一心向前，这是因为——**

可得性偏差说明着他们误判了自己成功的概率；

他们创建了过于乐观的剧本，只关注成功的情形（当局者迷）；

他们过高估计了自己成功的可能性，大都自诩不凡；

成功的荣光深深地吸引着人们，令其忽略了概率（彩票效应）。

**创业者努力寻找融资，因为——**

禀赋效应令他们高估了股权的价值；

独有的空头资产看上去比巨额资产的一半股权更值钱；

他们误解了与投资人的"求爱规则"；

他们看待自己商业主张的方式与旁人不同（旁观者清）。

## 经验法则

　　在最后提出良好决策的"十条法则"可能有些缺乏诚意。我的做法是，将每一章结尾的经验法则整合在一起。经验法则不是万用"定律"。同我们的直觉判断一样，它们源自某种环境，也取决于这种环境。你可以将其视为旁人经验的精华。你只能把自己的判断力当作指南，去评估是否使用以及何时使用。但请记住，你的判断力比管理学家们想要灌输给你的理论强。

### 关于管理与竞争

♠A　除非迫不得已，切勿殊死较量，尽量避免摊牌。

♠K　根据新信息改变思维是强者而非弱者的标志。

♠Q　对于根据充分的直觉，别浪费时间要求别人做出理性论证。

♠J　别让其他公司轻易得到与你竞争的机会。

♠10　切勿因为远离商业环境而停止学习。

♠9　目标是被人发现的，而不是被宣布的。

♠8　我们不能像尝试管理确定性那样管理或然性。

♠7　不要花费大力气做规划，要避免对遥远的未来制定细节规划。

♠6　在前路不明的情况下，用共同的价值观以及清晰的眼界指导决策过程。

♠5 构建关系，而不要实施控制。

♠4 在沟通中践行诚实与开放，在行动上体现勇气与决心。

♠3 对自己以及竞争对手的优劣势做出诚实评价。

♠2 对于出乎意料之事，要提高警惕。

## 关于投资与创业

♥A 每一笔成本都应当是以营利为目的的投资。

♥K 企业的日常管理开支好比我们为获得游戏入场券付出的盲注，要尽量压缩这项开支。

♥Q 如果碰上罕见的好机会，而你又具备明显的优势，请拿出魄力来投资。

♥J 假如你的优势非常微小，请谨慎投资或者直接拒绝。

♥10 关注三个重要的数据：大概的成本、成功的概率以及可能的回报。

♥9 把一系列类似投资视为一个组合项目，不要孤立地看待每一个机会。

♥8 站在局外人的角度来看待你的商业计划。

♥7 如果要在你看过的选项中挑出最好的，你得先看过该领域三分之一的选项。

♥6 不要相信你自己的商业计划，那只是无数未来可能性的其中一种。

♥5　了解私人股权的"规则"。

♥4　你不会因为把股份卖给投资人而蒙受价值损失。

♥3　一项好的投资很可能在三年内令你的财富翻倍。

♥2　别去计较沉没成本，每一笔新的投资都必须按照其本身的条款来评估。

## 关于直觉、判断力和决策

♦A　在一个环境中养成的直觉，可能会在另一个环境中产生误导。

♦K　任何一个决策都需要个人的判断力。

♦Q　优秀的管理是一门关乎敏锐判断的艺术，经验是判断力的基础。

♦J　见好就收也许是最明智的决定。

♦10　把你的决定记录下来，以便校准你的判断。

♦9　专家的判断力也许比你强，但也没有他们自以为的那样强。

♦8　通过改变参考框架（打算盈利还是避免损失）来验证判断。

♦7　成功会导致过度自信。

♦6　在陌生环境做决策时要考虑聘请向导。

♦5　在"离乡背井"的情况下，做好迅速失败、迅速学习的准备。

♦4　相信基于充分经验的直觉。

♦3　勇于向不是以本人经验为基础的判断提出质疑。

♦2　你无法做出完美的决策。


## 关于机会、运气和赌博

♣A　不要以随机事件的结果评判他人。

♣K　一条狭窄的小径（有限的资金）和过大的步伐（高风险）只会加快你摔进排水沟的速度。

♣Q　在"家附近"做决定，确实是实践得越多越幸运。

♣J　有的赢家是傻瓜，有的输家是智者。

♣10　仅凭结果，你无法把技能同运气分开。

♣9　不要为微小的优势豪掷万金赌注。

♣8　避免长期投资。

♣7　加注和弃牌都比跟注强。

♣6　把管理理论当作经验法则，而非万用定律。

♣5　评价一种理论的标准是它做出了哪些预测而不是解释。

♣4　释放信号、表明意图，以避免正面较量。

♣3　顺位很重要，先行者需要更大的优势。

♣2　在资源受限的情况下，即便是预期良好的好牌，也需要放弃。

## 版 权 声 明